雲の上は
いつも
青空

人生を励ます
禅僧の50話

酒井大岳

河出書房新社

はじめに

この本は、わたしのすぐ目の前にみなさんがおられ、そのみなさんに語りかけるような思いで書きつづったものです。

話をするのと、文章をつづるのとでは、表現がちがってくるのは当然ですが、その両方に心しなければならないことがあります。

それは、わたしがいつも自分に言い聞かせていることなのです。

一つ。真実を語るということ。

借りものでなく、自分が実際に体験し、そこから得たものを、仏さまの教えや古人の教えと照らし合わせながら真剣に語れば、聞いてくださる方が、しんからうなずいてくれるということ。もし、聴講者や読者のみなさんに、この話は受けてもらえないのではないか、というような不信感があるとすれば、初めから語らないほうがよいのであり、みなさんに対しても失礼に当たるのではないかと。そして、聞いてもらうためには事前に十分の用意が欠かせないということ。この思いをわたしはいつも大切にしています。

二つ。共に学び、共に苦しむということ。高い所から「言って聞かせる」というのではなく、みなさんの気持ちと一つになって、笑いも涙も一つにして、一緒に道を求めていきたい、いつもそう思いながら語らせていただいております。そのためには、けっしてむずかしく語らない、これが大事と考えているのです。

三つ。大自然と呼吸を合わせるということ。自然の摂理《せつり》に素直《すなお》でありたい、この願いをないがしろにすると、その場かぎりの根のない語りに終わってしまいます。いつの世の、だれにも、そうだと納得してもらえるような、永遠性・普遍性をもった話にしたいと思っています。今をどう生きるか、ではなくて、人間としてどう生きるのが本当かと、それをみなさんと一緒に考えていきたい、これはわたしのもっとも大きな願いであると言えるかもしれません。

この本は、それらを念頭におき、わたし自身の体験を主体として、みなさんお一人お一人に親しく語りかけるつもりで書きつづりましたが、はたしてそれらしい内容になっているかどうか、あやしいものです。

八十余年の人生は、語り尽きるところを知りません。

どうぞ、お気軽にお読みいただき、もし、うなずいていただくところがあれば、心をこめて乾杯《かんぱい》をしたいと思っております。

酒井大岳

平成三十年三月

雲の上はいつも青空

目次

第2章　人間関係に強くなる

第3章　考え方を変えてみる

第4章　暗かったら窓を開けよう

第5章　思ったとおりに生きられる

第1章

苦難を乗り越える

1話　今がよければ過去はかがやく

わたしは、八十三歳になったところです。

昭和十（1935）年三月十三日生まれ、吉永小百合さんと同じ誕生日（笑）。何かおかしいですか？　それがどうした！　なんて言われそうですね。

どうしたってこともないんですが、なんとなくいい気分ですね。わたしは、ものごとをめでたく考えるほうなので、いい血筋のもとに生まれたなあと、一人で喜んでいます。

それはね、八十三年生きていると、苦しいこと、悲しいこと、うめいたり、わめいたり、たくさんありますよ。でも、その時はその時なんで、今、過去の一つひとつを思いだしてみると、どれも、これも、みんな美しくかがやいて見えるんです。「今がよければ過去はかがやく」なんてほざいて、なんでも、かんでも、めでたし、めでたしで、過ごしています。

ですから、「苦難を乗り越える」といっても、乗り越えた記憶はないんですよ。気がついたらいつの間にか乗り越えていたんでしょうね。過ぎ去ってみると、そんなふうにしか見えないものです。それでいいんじゃないですか。汗も涙もかがやいて見える、よくも生きぬいて来たものよと、自分で自分をたたえながら、米と水のエキスを毎晩いただいています。「わが友よ」と呼びかけながらです（笑）。

むかし、座禅《ざぜん》の最中に師《し》からよく言われました。「過去もなければ未来もない。あるのは今だけじゃ」とね。わたしはそういう話が嫌いなので、いつも反発していました。「うそを言ってるよ。昨日があったから今日があるじゃないか。明日に向かって今日があるんじゃないか。昨日と明日の間にあるのが今日という日なんだよ。今日しかないなんて、あんまり脅《おど》かさないでくださいよ。今日のうちにお葬式《そうしき》を出されるなんて、あたしゃ嫌《いや》だよ」（笑）。そんなことばっかり考えながらの座禅でしたね。

ずうっとあとになって『般若心経講義《はんにゃしんぎょうこうぎ》』（高神覚昇《たかがみかくしょう》著）という本を読んでいたら、「昨日を背負い明日をはらんでいる今日」と書いてあって、大安心をしました。わたしって、若いころから大先生と同じ考えを持っていたらしいです（笑）。

今でもこの考えは変わっていません。過去と未来の、ど真ん中にあるのが「今日」

だと思っているんです。

わたしにはわたしの過去があります。過去があるということは体験がある、ということですね。

その体験を語ることが、みなさんの今後の人生に役立つかどうかは分かりません。ただ一方的に語るだけです。もし、一つだけでも役に立つことがあるとしたら、それはそれで悪くはない、と思っています。

わたしは、「こんな時はこうすべきだ」と決めつけることは好きではありません。その人はその人なりに苦しんだり悲しんだりしていけばいい、そう思っているんです。もし、人さまの体験を聞いたり読んだりして、自分自身の考えでハンドルを切り替えていくなら、それはそれでけっこうなことだと思っています。

生まれは上州《じょうしゅう》（群馬県）です。かかあ天下と空《から》っ風《かぜ》、で有名ですよね。

わたしはその風の中で生まれ、風に吹かれて育っています。

二歳のころ、祖父がわたしをおんぶして、よく子守りをしてくれたそうです。母親がよく言っていました。

「おじいさんはお酒が大好きで、お酒を買うお金がなくなると、おまえをおんぶして、田んぼのあぜを歩いたのだよ。おまえが風邪《かぜ》を引いたら大変だから、わたしは着物やら帯やらをお金に替えて、おじいさんにお酒を買ってあげていたんだよ。おぼえているかい？」

おぼえているわけがない（笑）。でも、何度かその話を聞かされているうちに、おぼえているような気がしてくるから不思議だね。

赤城山《あかぎやま》のほうから〝赤城おろし〟という冷たい風が吹いて来る。北からは〝三国山脈〟を越えて〝吹っ越し〟という雪が吹きつけてくる。冬の寒さといったらひどいものです。

おじいさんはその風の中にわたしを連れ出していた。わたしは二歳のころから、風と共に去らないで生きて来ているんです（笑）。

強くなるのは当然ですね。しかし、そういうことが今はきらきらとかがやいて見えるんですよ。これからそれをたっぷり語ります。

2話　木の根を食べて生きのびる

昭和十六（1941）年に国民学校に入学しました。太平洋戦争が始まった年です。

入学式の日はちょっと悲しかったですね。父は出征中《しゅっせいちゅう》、母は病気。そのとき六歳でしたが、一人で入学式に行ったんですよ。涙をこらえながら二キロの山道を歩いて行きました。

母が頼んでくれた近所の子の母親は、わが子のことばかり気にして、たまに「がんばるんだよ」と声をかけてくれるぐらいで、あまり面倒は見てくれなかった。名まえを呼ばれて返事をするとき、悲しくて「ハイ！」という声が出なかった。でも、こらえて、こらえて、涙は落としませんでしたよ。

着るものも、食べるものもない、戦争の真っただ中の児童です。着るものがないのも困るね。何かの古い布を継《つ》ぎ足《た》して作ったものとか、ひどいときには、戦地から送られてきた〝乗馬ズボン〟の使い古し。ひざのあたりから切って、上の部分をはいていたんですが、スカートみたいにぷかぷかのズボンですから、風が吹き込んでくると、そのまま凍《こお》ってしまうような寒さでした。

食べものがないというのはもっと困る。食べられる草や木の葉はみんな食べました。カエルや沢ガニも焼いて食べました。

茶色になった当時の学級写真を見ると、みんなやせこけています。その中には飢《う》えて亡《な》くなった子もいます。飽食時代を生きている今の人たちには想像もできないでしょう。

何かの本にありましたが、昭和九、十、十一年に生まれた人が、今生きている人たちの中ではもっともひもじい思いをしている、ということですが、わたしはその真ん中の十年生まれですから、うなずける話です。

父は戦地。母は蚕《かいこ》を飼ったり、ぶた、やぎ、うさぎを飼ったり、それらをお金にして、きょうだい五人を育ててくれました。

姉、わたし、弟、妹、妹の五人。みんな同じ時代を生き抜いて来ています。教科書も学用品もなく、勉強はできなかったね。着ること、食べることでみんな苦労をしていますから、共に汗を流したという面では心が一つになっています。今もみんな元気で、笑顔で暮らしています。

忘れられないのは、木の根を食べて生きのびたこと。

終戦になるちょっと前ですが、よくよく食べるものがなくなったとき、母がわたしに言うのです。

「おまえ、頼むから、裏の山へ行ってナラの木の根を掘《ほ》ってみてくれないか。何本か掘るうちに、まりのようにぷくんとふくれているところがある。それを切って取ってくるんだよ。中はでん粉の塊《かたま》りだそうだ。煮《に》て食べると力が出るそうだよ。頼むから取って来ておくれ」

へえ、と思って、さびきった小さなノコギリを持って山へ行きました。ナラの木の根を掘るのは大変な仕事。汗びっしょりになって掘り続けていったら、ありました、ありました。ボールのように丸くふくれているところがあったんです。感激でしたよ。

そいつを持って帰ると、母が喜びましてねえ、土鍋《どなべ》（陶器《とうき》のなべ）で煮《に》てくれました。

「これで三日は生きられる」

母はそう言っていました。どこからそんな知恵を仕入れていたのかねえ。きっと農家の人に教えてもらっていたんでしょう。

そのでん粉のおかげで、子どもたちはみな生きのびられていたんです。

信じられないような話でしょう。でも、わたしの家ばかりでなく、みんながみんな、同じようなことをして生きのびていたんですから、自分だけが苦労している、なんて、まったく思いませんでしたよ。

今はもう、半分に減ってしまったクラス会などでは、みんなが同じような経験を語り合って、涙が出たり、力が出たり、しているんですね。

過去のことはどうでもいいんじゃありません。経験したことを遠くから眺《なが》めてみることも、生きる大きな力だと思いますね。

「過去を懐《なつ》かしがっているようではだめだ」

と言った人が、アルバムを持っているから不思議です（笑）。

3話　一本のろうそく

父親は軍隊生活の長かった人ですから、私ら五人きょうだいは、父に可愛《かわい》がられたという記憶をほとんど持ちません。

終戦後は、家に帰ってきて、馬を飼っていました。三歳馬でしたが、こいつがなかなかの暴れ馬でしてね。軍隊調丸出しの父とは気性《きしょう》が合わなかったようでした。この馬に父がまたがって、朝早くどこかへ出かけていったものの、なかなか帰ってこない。そのうち馬だけが戻ってきて庭先でヒヒーンと啼《な》いた。これは、と思ってわたしが飛び出して馬に乗ったところ、馬はどんどん村のはずれの山のほうへ行くんです。

かなり行ってから馬が突然止まったので、見ると、土手の下のほうに父が座り込んでいるんですね。振り落とされて左のひざを痛めたらしく、両手で押さえてうなっていました。わたしが父の手を取って、やっとのことで上の道まで登り上げたんですが、その間、馬はじっとして心配そうな目をしていました。ウマくなかったと思ったんでしょうね（笑）。静かに歩いて家に戻ったんですが、骨折はしていませんでした。

父は戦地で手荒く馬をあつかっていたらしかったね。その癖《くせ》が出たものだから、何も知らない馬が怒《おこ》るのも当然でしょう。とにかくお二方はウマが合わなかったようです（笑）。わたしの言うことはよく聞いてくれた馬で、ほおずり合いもしたくらいです。父はその馬を売ってしまいました。半年近く経《た》って、わたしは馬に会いに行きましたよ。馬が喜んでね、「別れは辛《つら》かった！」と言っていました（笑）。

その父に、一ぺんだけほめられたことがあるんですよ。父が寺の会議で出かけていくとき、袋《ふくろ》に入ったろうそくのカスを本堂から持ってきて、「夕方帰ってくるまでに、これを溶《と》かして固めて、新しいろうそくを一本作っておけ！」と言うんです。そんなこと、やったことがありません。大きな囲炉裏《いろり》のそばに座って、古い缶詰《かんづめ》の缶でろうそくを溶かして、そいつを細い竹の中に流し込んで、しばらく水で冷やして、ろうが固まってから竹を割るんです。

竹の下のほうには節《ふし》があって、小さな穴を開《あ》けて一本の糸を通す。これがなかなかむずかしくてね。三時間も四時間もかけてやったんですが、失敗ばかりして、最後は悔《くや》し涙が出ました。

母が夕方、囲炉裏のそばで「おきりこみ」(煮込み麺《めん》料理の一種)を作りながら、「そこまでくれば、あとちょっとだよ。がんばりな」と励《はげ》ましてくれました。とうとう出来上がって、嬉《うれ》しがっていたところ父が帰ってきて、母から説明を受けて、わたしにひと言、「おまえは将来、大ものになる!」なんて信じられるようなことを言ってくれたね(笑)。悔し涙が嬉し涙に変わっていましたよ。

甲山政弘《こうやままさひろ》さんという少年が、『一本のろうそく』という詩を遺《のこ》されましたね。この方〝進行性筋ジストロフィー〟という病気で、十七歳で亡くなられました。その方の最後の詩なんです。紹介しましょう。

一本のろうそく　　　　甲山政弘

たった一本のろうそくでも
人間以上のすばらしい生き方をしている
火をともしたろうそく

ろうそくは自分の体をも
とかしながら人に尽くそうとし
とろとろと汗を流しながら働く
最後には体がなくなってしまうのに
短いその命なのに
悲しまず　たえしのび
ああ　ああ
ろうそくよ　ろうそくよ
僕はおまえのようになりたい
おまえのような生き方が好きなのさ

こんないい詩にめぐり合うとは思いませんでしたね。
むかし、ろうそくを作ったときのことを思いだして、涙がにじんできました。
あとにも先にも、父にほめられたのはそのときだけです。

4話　盲腸《もうちょう》の手術と仏教童話

戦後の経済が復活し始めたのが、昭和二十七（1952）年ごろからです。それ前はどこもかしこもきびしい生活を強いられていました。

昭和二十三（1948）年から三年間がわたしの中学時代でしたが、農作業の手伝いばかりで、勉強した記憶はほとんどありません。畑を一枚（区切った部分）もらってきゅうりを作ったところ、これが大収穫で当時、都会から疎開《そかい》して来た人たちがまだ多く村に居《い》て、わたしのところへきゅうりを買いに来てくれましたね。一貫目四十円で売れてほくほくだったことを記憶しています。

中学三年の十月、父母と稲刈りに出て、急に腹痛を起こし田んぼの中に倒れました。母は「家に帰って休みなさい」と言い、父は「墓地へ行って倒れている石塔《せきとう》を真っ直ぐに立て直せば腹痛は治る」と言うのでした。

腹の痛さに耐えながら、父の言うとおりにやったらなお悪化、とうとう四日目に父母に付き添われて入院しました。腹膜炎《ふくまくえん》もぎりぎりまで進んでいたようで、元軍医の副院長から、「これほどになるまでほおっておく親がいるものか！」と怒《おこ》られた父が、「貴様は態度が悪いぞ。それでも医師か！」と食い下がり、あわや決戦となるところを母が仲裁、元陸軍曹長の父もこらえるのが精一杯だったようです。

「命があと三十分しかもたない！」と言われたわたしは、麻酔《ますい》なしで手術を受けました。痛いの、痛くないのって、痛いんですよ（笑）。

あのときの看護師さん、偉いのか偉くないのか、分かりませんでしたね。腸が外に出ているんですが、わたしの頭を少し持ち上げて、「自分の腸を見ることなんて、もうないかもしれないから、見ておきますか」なんて言うんですもの（笑）。

手術が済んで腸を腹の中におさめるとき、一尺（約三〇センチ）ばかり、どうしてもおさまらない。呼ばれた院長が来て、「何？　おさまらない？　かまうことない、丸めて押し込め！」なんて言った。わたしは自分の腸を丸めてほおり込まれたんです。

化のうがひどかったから、一針も縫《ぬ》えなかったのですよ。そのたびに死ぬ思いでしたね。

一か月で退院しましたが、自然治癒《しぜんちゆ》を待つばかりで、ガーゼの詰《つ》め替《か》えも自分でやって、けっきょく治るまで一年近くもかかりました。よく助かったものですね。

入院中も退院後も、『一わのおおむ』（石森延男著）という仏教童話を読み続けました。そのころ出たばかりの子ども向けの本で、ほとんどがひらがなでしたね。釈迦前《しゃかぜん》生《しょう》物語といって、お釈迦さまがお生まれになる前、どんな生き方をされていたかを、動物や鳥の姿を借りて物語っているものです。

「一わのおおむ」とか、「橋になった大鹿」とか、心を打つ童話が十編ほど、おしまいに、お釈迦さまの一代記と、その教え、これがまた分かりやすく書いてあったのです。

本は表紙も取れ、ぼろぼろになって、後付（奥付など）さえもなくなってしまいました。わたしはこの童話集を全編暗誦《あんしょう》するほど読み続けてきています。

一羽のおおむが、山ばとと仲よしになり、毎日を楽しく過ごしているうち、山火事が起こり、おおむは山ばとのことを案じて、谷川に飛び込んでは羽に水を含ませ、奥山へ飛んでいって水をまき散らすのですが、山火事は消えることなくますます燃えさかっていきます。

どこからか天神が現われ、「おまえはおろかな鳥だ。羽の水くらいで火が消えるものか」と言いますが、おおむは聞き入れず、「知ってはいますが、だまって見ていることはできません。あのしんせつな鳥やけだものたちをみごろしにすることはできないのです」と答えると、天神はその心をたたえ、雨の神に大雨を降らすことを命じ、おく山の火事はたちまち消えてしまい、山ばともけだものも助かったという話。十編の童話はすべてこの「美しい心」をテーマとしたものでした。

わたしはのちに「慈悲《じひ》」ということばと出会い、そこから仏教の勉強をするようになりました。寺の息子だから当然、ということではなく、病気になって大手術を受け、前生物語を読んだおかげで、ごく自然に仏教の教えを学ぶ姿勢がとれた、というのが本当だと今でも思い、『一わのおおむ』との出会いを喜んでいる者です。

5話　愛語《あいご》と出会う

高校への進学は、経済的な理由で両親から反対されましたが、わたしは学費を自分で働いて出すからと言って反対を押し切りました。

郵便局から〝仲よし会〟という会の集金の仕事を受けて、四か町村を自転車でめぐり、高校の三年間これを続けたのです。一軒六円がわたしの収入、当時（昭和25～27年）の学費はあれこれ合わせて千円足らずで、この収入で十分まかなうことができました。仲よし会というのは〝お伊勢参り〟をする農家の人びとの会で、月二百円をみなさん気持ちよく積み立ててくれましたね。

しかし、仕事はけっして楽ではありませんでした。朝十軒くらい集金をして学校へ行き、放課後も集金をしながら家に帰りました。雪の朝、自転車ごとがけから落ちてけがをしたり、犬にかまれたり、どんなに寒くても手ぶくろいをしないでハンドルを握っていましたから、転《ころ》ぶこともしばしばでした。

朝早く町に出たとき、だれかに呼び止められたので自転車を止めて振り向くと、物理の小渕《おぶち》先生でした。

「手ぶくろもマフラーもしないのか？」

「はい、じゃまになりますから」

「ちょっと待っていろよ」

先生はそう言って近くの洋品店に裏口から入って行き、手ぶくろとマフラーを持ってきて、

「これを使え、風邪引かないでな」

と、高価なものをプレゼントしてくれたのでした。日頃は恐《こわ》い先生なのに、こんなにもやさしい先生だったのかと思ったら、鼻の奥が痛くなってきましたね。

ある朝、教室に入っていくと、隣りの席のＳくんが、

「ふだんのオレと違っていないか？」

と言うのです。Ｓくんは新しい学生服を着ていたのです。わたしはよれよれの服を着ていましたから、それと気がついたのだけれど、わざと言わなかったのです。

「違ってないよ。それがどうした？」

と言ったとたん、彼は怒ってわたしに組みついてきました。取っ組み合って教室のうしろまで行き、わたしが椅子《いす》を振り上げたとたん、小渕先生が教室へ入ってきました。わたしをにらみ、わたしのほうへジリッ、ジリッと近寄ってきました。

わたしは椅子を置くと、教室のうしろから廊下《ろうか》へ飛び出し、上履《うわば》きのまま校庭へ出て、振り向くと、先生が両手を左右に振りながらわたしのあとをつけて来ます。土手を駆けのぼると、そこは広いトマト畑。奥へ行くと鉄条網が張りめぐらされていて、先へは行けません。

先生がやって来て、こう言うのです。

「おい、酒井、どうだ、このトマト、食べようじゃないか！」

二つもいだトマトの一つを、わたしに投げてくれたのです。胸に受け止めて困っているわたしに、先生はこう言いました。

「あのなあ、酒井。おまえさんが苦労をして学校へ出ていることは、先生方も生徒もみんな知っているんだ。よくやっていると感心しているんだよ。だから、椅子なんか振り上げちゃいけないんだな。さ、二人でトマトを食べよう！」

先生はそう言ってトマトにかじりつきました。それを見て、わたしもかじりつきました。トマトの中に涙がぽとぽとと落ちてね、のどが痛くて仕方がなかった。

この先生のひと言で、わたしは頑張ろうと思いましたねえ。

わたしが七年後、都会から田舎に戻って地元の女子高へ勤め始めたとき、小渕先生は校長になって赴任《ふにん》して来ました。歓送迎会でトマトの話をすると、先生は、

「あのときのトマトが、今また二人を結びつけているんだよなあ」

と言って大きく笑っていました。

小渕先生に頼まれて、修学旅行の事前学習では、京都や奈良の寺院の歴史や仏像の講義を体育館でさせてもらい、ガイド役として旅行にも行かせてもらいました。

道元禅師《どうげんぜんじ》（1200〜53）は「愛語《あいご》よく廻転《かいてん》の力《ちから》あることを学すべきなり」とおっしゃっています。「廻転の力」とは天と地をひっくり返してしまうほどの力、ということです。小渕先生のやさしいことば（愛語）は、わたしの生きかたを大きく変えてくれた、と言ってもよいと思いますね。赤いトマトを見ると今でも思い出す高校時代の一コマです。

6話　『正法眼蔵随聞記《しょうぼうげんぞうずいもんき》』のちから

駒澤大学仏教学部禅学科に入学したのが昭和二十八（1953）年四月。入学試験に合格して入学したのではありません。一枚の紙に「私は将来寺の後継ぎをします」と印刷されたものがあって、それに名まえを書いて印を押して提出するだけで入学できたのです。納め金（入学金）が大きいので、わたしは入学早々働かなければなりませんでした。東京渋谷に〝学生アルバイト協会〟というのがあって、そこに転《ころ》がり込んで与えられた仕事が〝家庭訪問日用品販売〟、つまり「行商」（物売り）なのでした。一軒一軒、家を訪ねて日用品を売るのですが、当時、都内だけでも物売り学生が三万人もいて、そのうち七割がニセ学生でしたから、押し売りばかりいる中の、本ものの学生は物が売れなくて苦労をしていました。

でも、わたしだけはよく売れたのです。何しろ、身長が一五五センチ、態度もよく挨拶もしっかりしていて顔も可愛《かわい》かったから（笑）、どこの家でもよく買ってくれました。

家庭用品四十種類、五円から五百円のものまで、段ボールの箱に入れ、風呂敷《ふろしき》に包んで、歩いて、売って、千円売れると半分の五百円が自分の収入になりました。朝、協会から荷物を持って出て、夕方戻って計算し、その場で半分が支払われました。毎日の売れ高はわたしがほとんどトップでしたね。そのころ、エキストラとして働いても一日三百円くらいでした。わたしは運のいい日は二千円くらい稼《かせ》いでいましたから、アルバイトとしては最高の収入だったようです。そのため、大学へは思いだしては行く程度で、ゆくゆく単位未修得で戸惑《とまど》うことになるのですが……。

運動靴《ぐつ》を履《は》いて、歩いて、歩いて、日本中歩き回りました。地方へ売りに行くときは荷物を大量に送っておき、安い旅館に泊まり込んで、そこを起点として売り歩きましたね。交通費、宿泊費はかかっても、地方に出ると売れますから、差し引いても利益は十分にありました。

心にいつも引っかかるものがありました。学友たちはみな勉強しているだろうに、自分ははたしてこういうことを続けていていいのか、ということです。生活費や学費を稼ぐことはできても、学問の修得ができなければ上京して来た意味がないではないか、そう思うと、分厚い仏教書を小脇に抱えている学生や、名のある教授の講義を聴《き》ける学生がうらやましくてなりませんでしたね。

たまに大学の門をくぐると、若い男女が芝生《しばふ》に座って楽しそうに語らっている。それらを見るにつけ、自分の立ちおくれ（おくれをとる）にはがゆさを感じるばかりでした。

物売りも、いいことばかりではないのです。暑さと過労で倒れて入院し、売上金を全部使い果たしてしまったり、一軒も売れないこともあれば、台風に吹き飛ばされたこともあります。追いはぎに所持金を全部奪《うば》われたこともありました。

「ああ、こんなことはしたくない。素敵《すてき》な彼女と映画を観《み》たり、ラーメンを一緒に食べたり、そんなことのできる学生がうらやましい！」

そう思ったらくやしくなって、持っている荷物を道ばたにたたきつけたこともありましたよ。すぐ拾いましたけど（笑）。

そんなときです。神田の古本屋で買った一冊の本『正法眼蔵随聞記』（道元《どうげん》）との出会いがあったのです。その中には、わたしのための言葉がたくさんありました。

○学道の人は最も貧《ひん》なるべし
○学道の人は先《ま》ず須《すべか》らく貧なるべし。財おほければ必ず其の志を失ふ
○学道の人衣糧《えりょう》を煩《わずら》ふこと莫《なか》れ
○人の利鈍《りどん》と云ふは志の到らざる時のことなり
○切に思ふことは必ず遂《と》ぐるなり

全身、ふるえるほどの感動でした。とくに最後の一行には勇気づけられました。

「学ぶ心さえあれば何からだって学べるのだ。立ちおくれだなんて考えてはいけない。物売りだって修行《しゅぎょう》の一つではないか。歩いて、歩いて、多くのものを学び取ろう。仏教は学問ではない、実践《じっせん》なのだ」

こう思うことでわたしは立ちあがれたのです。

以来、『隋聞記』は生涯の支えとなりました。

7話　八十三人からの借金

学生時代の四年間は〝物売りの四年間〟だったと言ってもよいかもしれません。

しかし、汗を流した体験は、何千冊の読書にも勝る、とわたしは思っているのです。

ある日のこと、熱海温泉へ物売りに出かけ、三千円も売れれば十分、と思っていたところ、わずか半日で一万三千円も売れたのには驚きました。嬉《うれ》しさのあまり、寿司《すし》屋《や》さんで寿司を二人前食べ、時間がたっぷりあったので、映画館へ行って三本立て五十円の映画を観、熱海の海岸を歩いて駅へ向かった途中、トンネルの中で追いはぎに遭《あ》いました。売上金を全部盗《と》られてしまったのです。

駅前の交番であれこれ聞かれ、顔写真を撮《と》られ、帰りの電車賃百八十円をお巡《まわ》りさんから借りて横浜の下宿先に戻りました。

叔父《おじ》（父の弟）、叔母《おば》に慰《なぐさ》められ、一夜を明かしたその朝、昨日のことが新聞に出ていたではありませんか。「アルバイト学生襲《おそ》われる」とあって、わたしの顔写真も載《の》っているのです。「おまえも新聞に出るようになったか」なんて、トボけたことを叔父は言っていました（笑）。

仕事に出る気もなく、新聞を見て一日を暮らして、翌日午前十時過ぎ、どさっと郵便が届いたので見ると、みんなわたし宛の封書です。開けてみると、「ただ今、新聞記事を見ました。お気の毒でなりません。ほんの少しですが学費の足しにしてください」と手紙があり、五百円札、千円札が入っているのでした。

わたしは心を込めて礼状を書きましたが、大半は住所氏名が書いてありません。

「どうしたらいいだろう」と叔母に言うと、「そういうことをしてくださる人は、礼状など待ってはいません。ありがたく頂戴しておけばいいのです」、こう言うのです。

そのとき、気がついてわたしは言いました。

「新聞を見て、すぐ郵便を出してくれた人の分が今日配達されたんだよね。そしたら、明日も明後日もくるかもしれない」

「あなたはそういうところに、よく気がつくのね」（笑）

これが続いたのですよ。３という数字で覚えているんです。最初33通、八日目が３

通、全部で83通、合計6万3千3百円だったのです。九日目に「あ～あ、今日は来なかった」と言ったところ、叔母がお茶をいれてきて、言うんですね。これは痛かったです。

「あなたは仏教の大学で何を学んでいるか知らないけれど、今日はわたしの言うことを聞いてくださいな。あなたは多くの人からたくさんお金をいただいて、今日はもう来ないなんて言っているけど、それは人間の言うことばではありません。いただいたお金は使ってはいけません。そこの郵便局へ行って通帳を作って、全部積んでおきなさい。そして、〝今日は売らなければならない〟という日に、風邪を引いたり、台風が来ることがあるかもしれない。そういうときに合掌《がっしょう》して少しだけ下ろさせていただくのです。それが人間の心だと思うんですよ。生意気なことを言うようだけれど、仏教はそういうことを大切にしなさいという教えではないのですか？」

これには言葉もありませんでしたねえ。ギャフンとさせられて、からだも心もこちこちになってしまいました。

叔母は尋常《じんじょう》小学校二年生のとき、家の貧《まず》しさから奉公《ほうこう》に出されて、苦労に苦労を重ねて生きてきた人間です。大学の、名高い教授の講義よりも、もっともっと大事な教えとして、私の胸に突き刺さりました。

物売りをしながら、ほかの学生たちをうらやましがり、「学問じゃない、実践だ！」などと思いあがっていたわたしは、ゼロから出発しても間に合わないくらいの衝撃《しょうげき》を受けました。

叔母はさらにこう付け加えました。

「電車に乗ったら、隣りの人や前の人、食堂へ行ったらテーブルで向き合う人、そこで働いている人たち、みんなあなたの恩人だと思ってくださいな。もしかしたら、そこにいる人が、かつてあなたにお金を送ってくれた人かもしれないもの。いちばん身《み》近《じか》な人にやさしく親切にしてあげることが、その人たちへの恩返しではないかしら……」

本当にこのとおりなのだと、心から思いました。こんな尊い教えはないと思い、生涯忘れまいと心に誓《ちか》いました。ずうっと前に読んだ仏教童話『一わのおおむ』を思い出して、わたしはその夜、布団《ふとん》の中で涙を流しました。

8話　大樹《だいじゅ》を仰《あお》ぐこころ

行商の思い出を語ったらきりがありません。運動靴に支えられ、教えに支えられ、多くの人びととの出会いに支えられて、四年間歩き通しました。

そんなある日、大学からの帰途《きと》、ある本屋さんに立ち寄りました。書棚を見ていくと『六百五十句』（高浜虚子《たかはまきょし》句集）が目に飛び込んできました。箱入りの重い大きな句集です。真ん中あたりを開いてびっくりしました。

霧如何《いか》に濃ゆくとも嵐《あらし》強くとも

わたしはこの俳句を見て釘《くぎ》づけになりました。わたしのために作られた句のように思われたからです。じつは、日本中の灯台守《とうだいもり》を励ますために、国から依頼されて作られた句なのですね。「霧の濃い日でも、嵐の強い日でも、へこたれないで、力強く生きていくんですよ」という励ましの句なのです。物売りで疲れきっているわたしのための句、そう受け止めずにはいられませんでした。

その先を開くと、またあるんですよ。

一時《いっとき》はたとひ暑さにあへぐとも

炎天下を歩いて、暑さと、のどの渇《かわ》きと、疲れで、何度倒れたかしれないわたしに、こんなにも力強い一句が与えられていたのです。「ああ、これもわたしのための句だ」、真実、わたしはそう思いました。さらに開くと、またあるんです。

炎天にそよぎをる彼《か》の一樹《いちじゅ》かな

これには動けなくなりました。疲れて、小高い丘に座り込んで、遠い山々を眺《なが》めながら「もう止《や》めよう」と何度思ったかしれなかったからです。

この句は、先の二句とは違いますね。やさしい声で、「この樹《き》の下は涼《すず》しいよ。疲れたろう。さあ、ここに来てゆっくりお休み」と、わたしを招いてくれている句なんです。たった五・七・五という短い一句に、わたしは身も心もまるごと救われた思いでしたね。

箱の裏に〝七百円〟とあります。そんな大金の持ち合わせはありません。しかし、どうしてもその句集をほしかったので、レジへ行って学生証を示し、遠からず支払いに来るからと言うと、店の主人はにっこりして、「どうぞお持ちください。お代はいつでもいいですよ」と、わたしを信用して貸してくれたんですね。嬉しかったです。

この句集はわたしの人生を支えどうしに支えてくれています。子どものころから俳句に縁《えん》があって、旅先でもへんちくりんな句をたくさん作ってきていますから、さらに勉強するようにと、きっと仏さまが出会わせてくれたんだと、今でも思っています。

わたしの心の中に「樹下涼風《じゅげりょうふう》」という言葉が生まれたのもこのときでした。はるか彼方《かなた》に一本の大樹《だいじゅ》が茂っていて、「ここは涼しいよ」と、風に揺《ゆ》れながらわたしを招いてくれているんですね。これほどの〝救い〟ってあるものでしょうか。言うまでもありません。「一樹」とはお釈迦さまのこと。その教えに素直にしたがっていけば「さわやかに生きられる」という意味でもあるんですよ。「樹下涼風」ほれぼれする言葉だと、自分で感心しきっています（笑）。
「はるかを見つめてものを想う」ということ。これは人間にとって大切なことだと思っています。一本の樹でも、山でも、雲でも、じいっと見つめていると、どう生きていけばいいのか、ということも分かってくるし、なんとなく心が〝凛《りん》〟としてくるから不思議ですね。そんなこと、ありませんか？　学ぶこともだいじだけれど、遠いところに目をやって、一人静かに思いにふける、ということも大切だと思いますね。

日はのぼり日はまた沈むいつのときもわれに凛たり心の一樹
加藤克巳

高浜虚子（１８７４〜１９５９）の句と相通ずる一首で、わたしはこの歌もときどき口ずさんでいます。

9話　逆風《ぎゃくふう》に帆《ほ》を張る

人間は生きているうちにいろいろな風に吹かれますね。自分から望んでいるわけでもないのに、黒い運命の風が真正面から吹きつけてくることがあります。

仏教で、それを「悲風《ひふう》」と言っています。不運をもたらす風の色は黒でしょうね。だから、悲風のことを「黒風《こくふう》」とも言っているんです。

人はだれでも不運の風を浴《あ》びることがあります。一度も不運の目に遭《あ》ったことはないという人はまずいないでしょう。

その不幸をもたらす風というものは、真正面から吹いてくるもので、「私は嫌《いや》だ」といって避《さ》けるわけにはいかない、受けるよりほかはない風なんですね。

雪いつも前からばかり車引く　山崎秀夫

こんな俳句があったことを思い出しました。雪が前から吹きつけてくる、その雪に向かって自分は車を引いていく、つまり、逃げないで生きていくのだ、という句です。また、こういう句もありました。

雪国を出られぬ汽車の長汽笛　飯田佳芳

大雪の中から出られない汽車が、助けを求めて汽笛を長く鳴らしているという句です。二句とも、生きていく人間の姿を詠《よ》んでいるんですね。

こういう句を知っているのといないのとでは、生きる姿勢が違ってくるということ、大事なことなのでぜひ覚えておいてください。

「逆風に帆を張る」（逆風張帆）という禅語は、「骨を折らずに修行は完成しない」、それを指しているのです。不運の風を浴びながら、歯を食いしばって、少しでも前進しようと努力するその姿は、尊く美しいものですね。

七年間の都会生活から離れて故郷に戻り、女子高へ三十六年間勤めました。数えきれないほどの卒業生を送り出しています。

その卒業生たちに、わたしは「悲心」と書いた書を贈りました。その数は五千人以上にのぼると思います。「悲心」というのは、「悲風に耐えた人にのみ授かる思いやりの心」という意味で、お釈迦さまの教えにあることばです。逆風に帆を張って生きた人びとが、ひねくれてしまうのではなく、他者を思いやることのできるあたたかい心の持ち主になれる、その心を「悲心」と言っているんですね。

卒業生には、その解説を添えて書を贈っていますから、もしも不運に遭ったときには、思い出していてくれるかもしれません。

悲　心

悲心をもって一人《いちにん》に施《ほどこ》す功徳は
大いなること地の如し
己《おのれ》の為《ため》に一切に施すは
報《むくい》を得ること芥子《けし》の如し
（大丈夫論《だいじょうぶろん》）

お釈迦さまの教えで、わたしはこれを大事にしています。

いつか、北海道のある高校へ出講したとき、「先生！」と言って、一人のご婦人が廊下で飛びついてきたんですよ。結婚と同時に旭川に来て、息子が高校生になって、今日の講演会には父兄として参加したと言います。

いろいろ聞いてみたら、不運の風にあおられどうしだったとのこと。自分が病気になり、息子が交通事故に遭《あ》い、ご主人に亡くなられ、隣りの家からの出火で自分の家まで全焼してしまった、と言います。焼け残った机の引き出しの奥から、封筒に入った「悲心」が焦《こ》げもしないで出てきたそうで、それは今、額に入れて飾ってある、とのことでした。

「先生、やっと今、悲心の意味が分かってきました。わたしはやさしい人になりたいと思っています」と彼女はそう言って声を出して泣いていました。

わたしも多くの悲風を浴びて生きてきましたが、今思うと、それらがみんな美しくかがやいているのですよ。

不思議なものですね。「逃げないでよかったなあ」としみじみ思っています。

10話　山河に親しめば

昭和三十八（1963）年、二十八歳のとき結婚。三人の子に恵まれ、父母と一緒ににぎやかな毎日を過ごしていたんですが、八年後、妻が発病して、伊香保《いかほ》温泉の近くの〝大日向《おおひなた》荘〟（国立療養所）に入院してしまいました。

胸の病でしたから、いつ帰れるか分かりません。子ども三人を預けられて、途方《とほう》に暮《く》れてしまいましたよ。しかし、妻が入院したその日、療養所の先生から励まされた、あの言葉、わたしの生きかたを一ぺんで変えてしまったのですから、死ぬまで忘れることはできませんね。

――病気が軽いから何年もかからないで退院できるだろう。食事も奥さんの好きなものを食べてもらう努力をする。三人のお子さんがあると聞いた。奥さんはそのことが心配で眠れないだろう。眠れないと食べられない。食べられないと病気は進む。ご主人のやるべきことは何か。ときどき子どもさんを連れてきて母親に会わせること。奥さんは咳《せき》をしても菌《きん》が外へ出ていないから、子どもさんと会うことができる。この上の松林の中に車を停《と》めておいて、奥さんを迎えて会わせること。

ご主人にはお子さんたちをしっかり育ててほしい。どのように育てられているかを、母親は瞬間見抜く。見抜かれてほしい。堂々と見抜かれてほしい。母親を安心させることが大事。それが食べること眠ることにつながる。病気はそれで全快する。一日も早く三人のお子さんのそばに母親を戻してやってほしい。私は医者、ご主人は一家の柱。頑張りましょう——

このことを長々と、やさしく、ていねいに話してくれ、わたしの両手をとってゆさぶってくれたんです。お先真っ暗のわたしに、百倍の勇気を授けてくれたのです。

療養所の近くに山があって、妻を見舞った帰りには、その山のてっぺんから、ほんの少しの時間でも下界を見下ろして深呼吸をしては力を出していましたね。

子育てはもちろん、高校の授業でも、いつもと違った力が入っていました。子どもたちはわたしが帰るのを、生徒たちはわたしが教壇に立つのを、みんな楽しみにしていてくれました。

「自分が変わればすべてが変わる」、こうわたしに思わせてくれたのは、あのときの、療養所の先生の、励ましの言葉だったのです。

妻は一年二か月で自宅療養に切り替えられました。家の中がいっぺんに明るくなりましたね。

医師から、「少しずつ散歩の時間を増やして新鮮な空気をたっぷり吸わせるように」と言われていたので、吾妻川《あがつまがわ》のほとりの広い河原へ、よく妻を連れ出していましたよ。

あるとき、河原の水たまりをのぞいてみたら、メダカがたくさん泳いでいたではありませんか。メダカはさっと散り、さっと集まり、わたしたちにその元気さを見せてくれました。わたしはそれを見ながら、山の高い所から下界を見下ろして、多くの家族や、多くの車の中に、人間の喜怒哀楽があるのだと思い、遠く見える秩父や日光の山々と比べて、「人間とはなんと小さいものだろう」と考えた日々のことを思い出していました。

妻が入院し、退院し、一家が暗くなったり、明るくなったり……大自然から見れば、目にも見えないささいなことではないのか。そして、あっという間に短い命のバトンは渡されてゆく。おもしろい、今こうして、ここに立っている一瞬はまるでまばたきのような短い時間なのだ。おもしろい、おもしろい、そして尊い。メダカを見ながら、そんなことを思っていました。

そのとき、びっくりしたことがあったのです。メダカは散ったり集まったりしているけれど、水はまったく動いていません。「あっ、これだな。自然の大きさと、人間の小ささとは……」、まるで大発見でもしたかのように、わたしの心は大きく広がっていました。

「何か、ありましたか?」と、妻が並びました。

「いや、メダカは動いているけれど、水は静止したままなんだ」そう言ったとたん、一句を授かったのです。

目高散り目高集まり水動かず

下五の「字余り」が効《き》いている、と今もそう思いながらなつかしんでいるのです。

第2章

人間関係に強くなる

1話　限りなく芽吹《めぶ》くもの

むかし、高校の教壇に立っていたころ、〝日本書道史〟のテストをしたところ、答案用紙に「白紙にしとくにかぎるかな」とだけ書いて提出した生徒がいました。おもしろい生徒がいたものですね。わたしはその用紙に、「この一行を書いたために白紙にならなかったのは残念！」と書いて返しました（笑）。

この女子生徒は、ほかの生徒と、言うことも行動もちょっと変わっていて、先生方を困らせることに興味があったようです。

ある日の夜明け方、わたしはその生徒が自殺する夢を見ました。高い岩の上から谷底へ飛び降りようとしている夢です。

「もしかして、あの岩かも？」と思い、バイクを飛ばして吾妻渓谷《あがつまけいこく》へ行ってみると、案の定、高い岩の上にその子の制服姿を認めたのです。バイクを通路わきに置き、細い橋を渡って谷の反対側に移り、音を立てないように坂を登って彼女の後方にせまりました。わたしの口から、とんでもない一言が飛び出しました。

「早くしなさい！」

彼女は反射的にうしろへくずれ、落ち葉に両手をついて泣き出しました。

「何かあったんだね。話を聞こう！」

橋を渡って反対側に移り、バイクを押しながら歩いて、広い河原《かわら》の一枚岩の上に座り込みました。彼女はいきなりこう言うのです。

「わたしは、つくづく自分が嫌《いや》になりました。わたしなんか、生きている意味がないんです！」

わたしは言いました。

「自分が嫌になったなんて、素晴らしいことを言うねえ。自分というものが、そんなにもよく分かったのだろうか。オレなんか、自分というものが分からなくて何十年も苦しんでいるよ。言わなくてもいいことを言ってみたり、しなくてもいいことをしてみたり。ときには他人のために自分を忘れて尽くしてみたり、自分とはいったいなんなのだろうと、毎日が自分への挑戦みたいなものさ。自分の中には、今の自分には分からない別の自分がいっぱいいるような気がするよ。そいつが、いつ芽を吹くのか、それを考えると、新しい一日を迎えるのが楽しみでもあるのさ。そうは思わないかね？」

彼女はしばらくだまっていましたが、不意にこんなことを言ったのです。

「先生は、教室へ入るとき礼をします。あんなの嫌いです。なぜ礼なんかするんですか？」

「そんなのオレの勝手だよ。今日も元気で授業に出られる、しっかりやろう、そう思うから礼をするのさ。したっていいじゃないか」

「気持ち悪いです」

「素直でない証拠だよ。他人の言うこと為《な》すことがみんな気に入らない、そんな時期もあるんだよ。そのうち、もっと素直になろうという芽《め》も吹いてくるよ」

「芽って、なんですか？」

「あのね、人間の心の中には、悪くも善くもなる〝可能性〟という芽が何万もあるんだよ。勉強したり、人と接したりしていくうちに、そいつが一つひとつ芽吹《めぶ》いていくのさ。そう思うと楽しいじゃないか」

「だれでもみんなそうですか」

「あたりまえさ。おまえさんだって、そのうち姿勢を正して礼をしたくなるときがくるよ。人間は毎日変わっていく。だから、他人の一面だけを見て、あの人はああだ、なんて決めつけないことだよ。オレはこれからも礼をしていくよ。気持ち悪かったら、そのときだけ空でも見ているといい」

彼女はだまってしまいましたね。わたしはどんどんしゃべり続けましたよ。彼女をギャフンとさせる言葉があとからあとから出てくるのには、自分でも、びっくり、たまげて、驚きましたよ（笑）。

彼女はだんだん生意気を言わなくなりましたね。卒業して何年か経《た》って結婚をして、三人の子の母となって、今では孫がいるかもしれません。吾妻渓谷のあの岩はもうありません。八ツ場ダムの建設で崩されてしまいました。

仏教に「種子《しゅうじ》」という言葉があります。あらゆる花を咲かせる種子《しゅし》のことをいいます。美しいものを多く学んで、自分の中の種子を芽生《めば》えさせ、できるだけきれいな花を咲かせていきたいものですね。

2話　遥《はる》かより来た、そのいのち

母親の目をじっと見つめながら、おっぱいを吸っている赤ちゃんの澄《す》んだ瞳《ひとみ》の美しさ。この世にこれほど美しいものがあるでしょうか。「この子はいったいどこからやって来たのだろう?」と、母親のほうでは思いますね。

そうなのです。じつはその赤ちゃんは、「遥かの世界」よりやって来たのです。

一人の人間には両親があり、そのまた上には四人の祖父母があり、八人、十六人を数えてゆくと、三十五代さかのぼっただけで、なんと三百四十数億人。もっともっとさかのぼると、大宇宙の始まりにまでもどってしまいます。

その遥かな世界から赤ちゃんはやって来ています。そして、この地球上に生きている人間すべてが、気が遠くなるような過去を背負って生まれて来ているのですね。それを思えば、人間、争ってばかりはいられないのです。動物も植物も同じことです。

ところが、成長するにしたがって、容貌《ようぼう》、性格、能力、体力、などに違いがあることに気づき、他人と自分を比べるところから、羨望《せんぼう》、批判、中傷《ちゅうしょう》、などという厄介《やっかい》ものが顔を出してくるのです。

人間関係をこじらせる前に、だれもが知っていなければならないこと、それは、目の前にいる人が、遥かな世界からやって来ている、尊いいのちを生きている、そのことに目覚《めざ》めていなければならない、ということですね。またとないいのちといのちが、またとない時間の中で対面しているのですから。

「盲亀浮木《もうきふぼく》の教え」をご存知でしょうか。人間のいのちが、これほどの奇跡の上に生まれてきているのかと、それを分かりやすく説いている教えです。お釈迦《しゃか》さまが弟子に説いて聞かせた喩《たと》え話なんです。これ、忘れないで、よく覚えておいてくださいね。

――「海の底に目の見えないカメがいて、百年に一度、海面に顔を出す。一方、海面には穴《あな》のあいた板が一枚流れている。風にしたがって東へ流れ、西へ流れ、している。カメがこの板の穴の中に首を突っ込むことがあるかどうか」

と、お釈迦さまが阿難《あなん》に聞きました。

阿難は答えます。

「そんなことは絶対にあり得ません。カメが東へ向かって歩き、風が西へ向かって吹いていれば、永遠に遇《あ》うことはないし、ましてや板の穴の中にカメが頭を入れるなどということはとうてい考えられないことです」

するとお釈迦さまは答えられました。

「絶対に遇うことはないと言いきることはできない。あるかもしれないのだ。人のいのちもそのようにしてこの世に生まれてきている」（雑阿含経《ぞうあごんきょう》）——

奇跡ともいえる縁《えん》をいただいて、今、わたしとあなたは会っている、という教えなのです。素晴らしい喩え話だと思いますね。

だから、悪口を言ったり争ったりしていてはいけない、ということなのです。

人と人とが仲良く暮らしていくためには、そのような尊いいのちをおたがいに持っているのだということに、目覚めていなければならない。その思いが根底にないと人間関係はうまくいかない。いや、人間ばかりでなく、動物でも、鳥でも、花一輪でも、そのいのちが生まれ出るまでの過程を考えれば、不思議としか言いようのない一瞬の出会いだと思わないわけにはいきません。

縁あって、この教えに出会うことができて、本当によかった、と私は思っています。

好きで、長いあいだネコを飼っていますが、ネコのほうでも「この人なら」と思ってくれているのでしょうかね、どんどんノラネコが増えてきて、じつのところお手上げ状態ですよ。そのノラネコたちもね、わたしをじいっと見上げて、「この人は〝盲亀浮木〟のこころを知っている人だな」という顔をしてくれるのです（笑）。

わたしは、赤ちゃんや幼い子たちの澄んだ目を見ることが大好きです。そこには、〝遥か〟があるからです。

遥かを思うこころは、生きとし生けるものの一切のいのちを大切にしようとするこころにつながりますね。その上にこそ人間関係はあるべきなのではないでしょうか。

3話　鈍《にぶ》いけれども余裕たっぷり

あるお寺さんへ年一回出講して、勝手な話をしています。

このあいだ、わたしの話を聞いてくれた一人の青年から手紙が寄せられました。——自分は頭の回転も動作も鈍い。同僚が一時間で片付ける仕事も二時間かかる。しゃれもよく考えてからでないと笑えない。飲み会などでも〝あいつよりはましだ〟と指をさされる。自分の劣等感はますます強くなり、毎日がつまらなくなっている——

こういう手紙だったのです。ころころとした可愛《かわい》い文字で丁寧《ていねい》に書いてありました。わたしは、「自分も早生まれで子どものころ背も一番小さく、力もなかったので、よく笑われていた。来年はそのことについて話すからまた聞きに来てほしい」と返事を書いて差し出しました。翌年、その青年は話を聞きに来てくれました。わたしは話の真ん中あたりで、わたしの好きな良寛《りょうかん》さま（1758〜1831）の次の詩を鑑賞してもらいました。

この地に兄弟《けいてい》あり

この地に　兄弟あり
兄弟　心　おのおの殊《こと》なり。
一人は　辨《べん》にして　聰《さと》く
一人は　訥《とつ》にして　かつ　愚《おろか》なり。
われ　その愚なる者を見るに
生涯　余《あまり》あるがごとし。
また　その聰き者を見るに
到るところ　亡命《ぼうめい》して趨《はし》る。

(この土地に兄弟がいるが、二人の性格が違う。一人は口も達者で頭もよく、一人は口べたで頭のはたらきもにぶい。わたしがその愚かなほうを見ていると、人生を余裕たっぷりに生きているようだ。また聡いほうを見ていると、どこへ行っても失敗ばかり重ねて逃げ回っている)

「訥にして愚かのほうがいい」と良寛さまは言っているんですよ。ああ、みなさん、おおかた安心していらっしゃる（笑）。そのとき、青年のほうをチラッと見たら、みんなと一緒に笑っていました。よかったですね（笑）。

世の中には利口《りこう》ぶる人が少なくありません。「あいつ、利口ぶってる」と陰《かげ》で言われていてもそれに気がつかない。

人間はあまり聡くないほうがいいですね。聡いとどこへでも引っ張り出されて、利用されて、疲れて早死にしちゃんです。みなさんは大丈夫、たぶん長生きするでしょう（笑）。

「愚かなる者を見るに、生涯余りあるがごとし」、大好きな言葉ですねえ。余裕たっぷりに人生を生きる。同じ人生でも、このほうが深くて味がありますね。

頭がよくて余りに利用され過ぎると、虹《にじ》が出ていることにも気がつかない。これじゃあ情けない人生です。

鼻の高い人のことを禅の世界で「雲居《うんご》の羅漢《らかん》」と言っています。中国に〝雲居山〟という山があって、その山のてっぺんには〝五百羅漢さま〟がいらっしゃる。みんな鼻が高く造られているそうです。それらが、山すその道ゆく人びとを見下ろしているので、鼻の高い人のことを「雲居山の羅漢さまのような人」と言うようになり、短くして「雲居の羅漢」と言っているんです。

そう言えば、このあいだ朝日歌壇（平成３０・２・１２）にこういう短歌が載《の》っていました。しかも第一席ですよ。

えらそうな口のききかたする人はえらいんじゃなくえらそうなだけ
堺市・一條智美

なるほどと思いましたね。選者の永田和宏先生の評に、「一條さん、その通り」とありました。

あんまり急がないで、虹や月をしっかり仰《あお》いで、人生をゆったり過ごしたいですね。それには世間から何を言われても平気《へいき》の平左《へいざ》でいることです。えらそうな口をきく人がいたら、「どうぞ、おん身お大切に」と祈ってあげてください（笑）。

4話　悪口を言うと、さみしくなる

人間というものはよく悪口を言い合うものですね。だれかの悪口を言わない日は、心が落ち着かない、という人もいます。夜も安眠できないそうですよ（笑）。

他人の悪口を並べ立てるほど自分は立派なのかというと、そうでもないらしい。言えば必ず言い返されますからね。ますます腹が立ってくるんです。

言いたいだけ他人の悪口を言ったあとの、人の顔というものは、懐疑心《かいぎしん》の塊《かたま》りのようなもので、明るくもないし、澄《す》んでもいない、じつにさみしい表情をしています。本人はそれに気づいていない。だからますます暗い顔になっていくんです。

童謡詩人の金子みすゞ（1903〜1930）にこういう詩があります。

犬

うちのだりあの咲いた日に

酒屋のクロは死にました。

おもてであそぶわたしらを、
いつでも、おこるおばさんが、
おろおろ泣いて居《お》りました。

その日、学校《がっこ》でそのことを
おもしろそうに、話してて、

ふっとさみしくなりました。

最後の一行の意味がお分かりでしょうか。怖《こわ》いと思っていたおばさんが、クロが死んで、おろおろ泣いていた、このことが学校でニュースになったんですね。みんなが寄ってたかって「あのおばさんがねえ」なんて言っていたんでしょう。みすゞもその輪の中の一人だったのです。でも、みすゞは、「ふっとさみしく」なったといいます。鬼のように怖いおばさんが泣いていた、これはたしかにニュースになったかもしれませんね。でもそれは美しい涙じゃないですか。それをみんなは、おもしろそうに話していた、といいます。そのときみすゞは、「人間の心の中には醜《みにく》いものがある」と気づいたのです。だからさみしくなったんですね。

だれの心の中にもそういう醜いものがある、それに気づく人と気づかない人がいるわけです。言いたいだけ悪口を言ったあと、自分の顔を鏡に映《うつ》してみるといいですね。怖い目をしていると思いますよ。それは良心がとがめているからです。悪をおさえようとする心のはたらきがあるからです。

だから、本当は悪口を言われる人のほうが、言う人より、気が楽なはずですよ。そのくらいの度量を持たなければ、世の中など渡っちゃいかれません。

言葉というものは怖いものですね。言えばかならず返ってくるし、だんだん大きくなって、人を死に追いやり、戦争さえ始めてしまいます。

天《てん》を仰《あお》いで唾《つば》をはけば、唾天《つばてん》に至《いた》らずして、還《かえ》りて己《おのれ》に従《したが》いて堕《お》ち、
風《かぜ》に逆《さか》ひて塵《ちり》を揚《あぐ》れば、塵彼《ちりかし》こに至らずして、還《かえ》りて己《おのれ》の身《み》をけがす
（『四十二章経』）

よく「天に向かって唾をするが如し」と言っていますね。あの言葉はこの経典《きょうてん》から出ています。

真実をまげてつくりごとを言うのが「偽《いつわ》り」。役にも立たないおしゃべりが「むだ口」。人をののしり悪く言うのが「悪口」。うそを言うのが「二枚舌」。

これらはみな悪い結果をもたらします。人びとの役立たないことばかりです。おたがいに気をつけたいものですね。

他人から中傷《ちゅうしょう》されても気にしないこと。心の中で笑っていればいいのです。ありもしない欠点や失敗をわざと言いふらして、人を傷つける人、そういう人は、じつは気の毒な人なのです。それがよくないことに気づいていない人ですから。

今後、中傷されたら、にっこり笑ってうなずいていきましょう。

5話　自分の中の新しい花

アサガオの花には驚きます。毎年同じ種《たね》をまき続けていても、十年後、二十年後に、まったく違った色や模様《もよう》を出してみせるからです。「こんなのはどうか」と、手品のように人を驚かしているようです。

新聞にアサガオの花のことが出ていましたが、まったく同じ種をまいているのに、三十年後に見たこともないような色や模様を出すのがアサガオだということでした。その記事を読んで、「人間もそれと同じだな」とわたしは思いました。いや、人間のほうは、五十年、七十年経っても、別の色を出して見せるものかもしれませんね。

本当は、人間の心模様は毎日変化し続けているものなのでしょうね。食べたり、飲んだり、音楽を聴いたり、本を読んだり、空を仰いだり、足下を見つめたり、そういうことがほんの少し加わっただけでも、昨日の自分と今日の自分とはもう違っているものだと思われます。

だから、「あの人はこういう人だ」と決めつけるわけにはいかないのではないでしょうか。日々変わっていくのが、あの人、この自分、そういうことだろうと思いますね。

よく、「あの上司の言うことがいちいち気に入らない」「彼は人の粗探《あら》しばかりする人だ」などと聞きますが、どうということはないと思いますね。その上司だって、彼だって、そのままでいるわけではない、毎日少しずつ成長していくのだ、そう思えば気が楽になるものです。

それより、自分の心の中に、一輪《いちりん》でも多く美しい花を咲かせる努力をしていくこと、そのほうが大事だと思いますね。自分の中に、どんな花を咲かせる要素がひそんでいるのか、それに挑戦していく姿勢がほしいと思います。

花を嫌いだという人はまずいないでしょう。もし、いるとすれば、それはきっと、自分の心の中におもしろくないことが煮《に》えたぎっていて、静かなまなざしが向けられないからだと思いますね。

花はどの花も美しい。美しくない花なんて一輪もありません。自分が持っているものを精いっぱい出し切って咲いているから美しいのです。

人間一人ひとりの心のうちにも、美しい花を咲かせる要素がひそんでいます。自分には見えない花の種子がどれほどひそんでいるか分かりません。

おのづからなる生命《いのち》のいろに花さけりわが咲く色をわれは知らぬに

岡本かの子

これだと思います。花は天から授かった自分の生命を、まぎれもなく全開させているのです。それを見て作者は、「自分が咲かせる花はどんな花なのだろう、私はまだそれを知らない」とつぶやいています。

上司や同僚から指をさされて笑われたら、「自分はこれでも、自分だけにしか咲かせられない花を、いつか咲かせたいと努力しているのだ。だまって見ていなさい！」と、これくらいの度量を持ってほしいと思いますね。

失敗したら、「またやっちゃた」と言って、頭を掻《か》きながら大きく笑えばいいのです。他人から笑われる先に、自分から笑える人、そういう人にこそ明るい明日は拓《ひら》けてくるのですから。

何かにつけて、「私はこう思う。私は、私は――」と自己主張する人もいますね。いったい、その〝私〟とはなんなのでしょう。きっと、あっちから、こっちから仕入れてきた雑学のかたまりなんでしょう。だから、驚くこともないんです。心の中で「その程度の私か」と思って、にこにこ聞いていればいいのです。

作家・武者小路実篤《むしゃのこうじさねあつ》さん（1885～1976）は、その詩『進め、進め』の中で、「後悔なんかしていられない、したいことが多すぎる、進め、進め」と、繰り返し言っています。

そうなのです。学びたいことが山ほどあると、他人から何を言われようと、気にしている間がありません。

うるさ過ぎる人間関係、そこから一歩離れたところに、ゆったりと生きる「もう一人の自分」を持つことが大事だと思いますよ。自分らしい花を咲かせるためにも、です。

6話　忍《にん》には恨《うら》みなし

にくいやつだ、と思う心を「恨《うら》み」といいます。いつまでも悔《くや》しがる思いのことです。それが深まると「怨《うら》み」になります。死んでもかたきを取ろうという強いうらみのことで、これを「怨念《おんねん》」といいます。浅いうらみが恨《こん》、深いうらみが怨《おん》、どちらもいい感情ではありませんね。「うらみをはらす」といいますが、これは「かたきを討《う》つ」ということで、戦争はそこから始まります。

怨みについて、お釈迦《しゃか》さまはこうさとされました。

まこと　怨みごころは
いかなるすべをもつとも
怨みを懐《いだ》くその日まで
ひとの世にはやみがたし
うらみなさによりてのみ

うらみはついに消ゆるべし
こは易《かわ》らざる真理《まこと》なり
（『法句経《ほっくきょう》』・五）

怨み心を捨てなければ永遠に解決しない、という教えですが、この「捨てる」ということがじつは大変なことなのですね。

教え子の山田くんは、ある自動車修理工場へ勤めて二十数年経《た》つところです。まじめで腕がよく、とくにオートバイの分解や組み立てでは、彼の右へ出る者はいません。

その山田くんに、ある日、わたしは聞いたのです。

「仕事の上で、何を一番大切にしていますか？」と。彼はこう答えました。

「ネジ締めです。今はほとんど機械締めですけど、機械は最後のところで考えてくれません。締め終わるとピタッと止まってしまうのです。手は違います。締め方が千分の一ミリ過ぎたか足りないか、その加減をこの手が考えてくれます。

変な話ですけど、ぼくは小・中学校時代、みんなからいじめられました。それが悔しくて、悔しくて、いつか仕返しをしてやろうと思い続けてきました。ぼくをいじめた同級生たちも車やバイクを持ってくることがあります。ネジを一本ゆるめておこうかと、何度思ったかしれません。でも、それはできませんでした。それが原因で事故を起こされたら大変なことになるからです。

ぼくは自動車会社の一社員です。一本のネジ締めにはぼくの将来も会社の将来もかかっているんだと思ったら、怖くなってその考えは捨ててしまいました。そうしたら、一本のネジがとても大きな生き物に見えてきたんです。同時に、人を怨む気持ちがいかにばかばかしいか、それが分かってきました。今は、どんな小さな仕事にも心を込めなきゃいけないと、自分に言い聞かせながら仕事をしています」

大事なことをわたしは彼から教えてもらったのでした。

わたしが、一番大切にしていることは何かと聞いたとき、山田くんは即座に、「ネジ締めです」と答えてくれました。即答できるということは、日頃からそのことを深く考えているからだと思いますね。

「怨みをはらす」と決心したところで、そんな思いはそう長くは続かないものです。どうしてか。人間は日々《ひび》成長していくものだからです。仕事を通して多くの人と接していくうちに、大事なことと、どうでもいいこととの区別ができてくるからでしょう。怨みをはらす一念で、二度とない人生を暗く過ごしてしまうなんて、もったいない話です。「ああ、こんな思いを持ち続けていてはいけないのだ。一日一日を大切にして、多くを学び取って、もっともっと自分を成長させ、豊かな人生を築かないといけない」、こう思って、新しい人生をスタートさせることです。

せっかく授かった人生ですもの、怨みつらみで終わらせてしまってはもったいない話ですよ。

「忍《にん》には怨《うら》みなし」（『四十二章経』）という教えもあります。

「ネジ締め」の山田くんも、長いこと耐え忍んできたかと思いますね。

でも、今では山田くんの心から、怨みの念は遠く消え去っているのです。

怨みからは何一つ生まれてきません。きっぱりと怨みを捨てて新しい世界を生み出していきたいものです。

7話　よき友とともに

「わたしにはよい友だちがたくさんいる」と、よく自慢《じまん》する人がいますね。あまりいい感じはしないものです。それは「自分はだれからも好かれる人間である」ということを自分から言っているようなものだからです。

俳人の長谷川櫂《はせがわかい》氏は「真の友だちは一人か二人いればたくさん」と言っていますが、これには深い意味があります。付き合えば付き合うほど珍味であり、妙味であり、佳味《かみ》である人、そういう人を指しているからです。

言い知れない深さを持っている人は、同じように、言い知れない深さを持っている人を好きになるようですね。ことわざに「光あるものは光あるものを友とす」と言っていますが、光を放つ友などというものはそんなにいるものではありません。逆に言えば、だれからも愛される人というものは、それほど深くはない人間、といってもよいのです。

「管鮑《かんぽう》の交わり」（史記・管仲伝）という有名な話がありますね。管仲《かんちゅう》という人と、その親友の鮑叔《ほうしゅく》という人との、交わりを伝えた話です。

二人は若いころ、貧しい書生どうしでありました。一緒に商売をして、管仲が利益を余計に取ったことがありました。しかし、鮑叔は、友が自分よりさらに貧しい暮らしをしていることを知っていたので、少しも不平は言わなかったのです。一緒に戦場へ出たときも、管仲は逃げ回ってばかりいました。それでも鮑叔は、友に老いた母親がいることを知っていたので、その卑怯《ひきょう》を責めたてるようなことはしませんでした。のちに管仲はこの恩に対して、「我を生むものは父母、我を知る者は鮑子《ほうし》なり」と感嘆し、二人の友情は厚い信頼と理解に満ちていた、といいます。詩人・杜甫《とほ》の『貧交《ひんこう》行《こう》』という詩の中に「君《きみ》見ずや管鮑《かんぽう》貧時の交わりを」とあるのは、管仲・鮑叔の友情をたたえた一行なのです。

真の友情はけっして派手なものではないのですね。おとなしく、地味で、謙虚でいながら、おたがいに心の深いところで結び合っている、これが本当の友情なのだと思います。

詩人・室生犀星《むろうさいせい》（1889～1962）に次の詩があります。

よき友とともに

心からよき友を感じることほど
その瞬間ほど
ぴったりと心の合ったときほど
私の心を温めてくれるものはない
友も私も苦しみつかれている
よいことも悪いことも知りつくしている
それでゐて心がかち合うときほど嬉しいときはない
まづしい晩食の卓をともにするとき
自分は年甲斐《としがい》もなく涙ぐむ
いひしれない愛情が湧く
この心持ちだけはとつておきたくなる
永く　心にとつておきたくなる

こういう詩を読むと、心が洗われますね。わたしは戦中育ちだから、たとえばクラス会などでも、食べるものも着るものもなくて、おたがい助け合った思い出話などになると、手を取り合って涙ぐむばかりなのですよ。そんなときほど、今を生きている幸せを感じることはありません。

真の友だちは、そんなに多くなくてもいいのだと思います。豪華《ごうか》な旅をした、などと自慢する人もいますが、そういう人は本当はさみしい人なのかもしれません。

朋友《ほうゆう》（本当の友）とは、どんな友のことをいうのでしょうか。

一．失あるを見れば、すなわち相《あい》さとす。
二．好事《よきこと》あるを見れば、深く喜びを生ず。
三．苦厄《わざわい》にあるとも、相《あい》捨てず。

（『因果経』）

まごころをもって忠告する。一緒に喜ぶ。苦しみを共にする。
はたして自分はそういう友になれるかどうか。そこまで考えたい教えですね。

8話　風は人選びをしない

運・不運の風はだれにも吹いてきますが、あるときは、なぜ自分のところにだけ吹いてくるのか、と思われるほど、黒い風に吹きまくられることもあるものです。そんなときはどう考えてその風を受け止めるべきでしょうか。

三月、四月、五月と、別々にまいた花の種が、六月になっていっぺんに花を咲かせるということもあります。つまり、原因は別々であっても結果が一度にやってくる、そういうこともあるということです。不運が重なったときは、「人間の家は三代百年を通して見れば、どこの家にも運・不運の風は同じように吹いてくるとのことだ。今は自分が耐える時期なのだ」と思って歯を食いしばってでも耐えていけばいいのですが、反対に、幸運が続いた場合が、じつは怖いのですね。いい気になって、ついつい鼻息が荒くなってしまうのです。やることなすことがすべてうまくいって、大金持ちにでもなると、すべての人を見下げるようになります。

仏教で、おごりたかぶる心を「増長心《ぞうじょうしん》」といい、その人を「増長慢《ぞうじょうまん》」といっています。「おかげさまで」ということを、だんだん忘れていってしまうのですね。
私の好きな良寛さまに次の詩があります。

丹郎　路に当るの日

丹郎《たんろう》　路に当るの日
朝野《ちょうや》　その名を伝う。
門前　人　市《いち》をなし
堂上　客　つねに盈《み》つ。
片言すれば　羽翼《うよく》を生じ
一揮すれば　城隍《じょうこう》を移す。
いまだ二十年を過ぎざるに
ただに　冷《れい》　霜《しも》のごときのみならず。

（ある若者が出世して高い地位を得たときは、中央でも地方でも大評判。門前には人が大勢集まり、家の中は来客でいっぱいだった。彼がひと言口をきくと、その人は羽が生えて出世でき、彼が指図《さしず》をすれば城を移すことさえできた。ところが、それから二十年も過ぎないうちに、落ちぶれたしまった彼に、世間の人びとは霜以上に冷たくなってしまった）

人間、羽振《はぶ》りがいいときには人が集まって来るし、落ちぶれると散ってしまいます。世間もそうだし、人間も財にたよっていると、あっという間に一人ぼっちになってしまうものだよ、と良寛さまは言っておられます。

なるほど、と思いますね。だから、鼻が高く、言葉も荒く、大威張りでいる人がいても、驚くことはないということなのです。わたしは学生時代、よれよれのズボンをはいて、空腹に耐えながら物売りをして歩いていましたから、こういう詩にめぐり合うと救われましたね。「今に見ていろ、ぼくだって」なんて思って、鏡を見てその貧相さにふるえあがったものです（笑）。道を歩いていて、ある家のガラス戸に自分の姿が映ったとき、なんとみすぼらしい姿だろう、と思ったものです。そのたびに石川《いしかわ》啄木《たくぼく》（１８８６～１９１２）の歌を思い出していました。

鏡屋《かがみや》の前《まえ》に来て
ふと驚《おどろ》きぬ
見《み》すぼらしげに歩《あゆ》むものかも（『一握の砂』より）

このとおりなんです。でも、そんな見すぼらしい姿を見ても、やけっぱちにはならなかったね。それは、あたたかい心の人との出会いが多かったからです。

現代のように、目まぐるしい世の中に生きていて、とくに人間関係の複雑さに悩まされていると、身も心もすり減ってしまって、明日から先が灰色に見えてきて、生きる力を失いつつある人も少なくないでしょう。でも広い世の中には、その十倍も百倍もの苦難の道を経《へ》て、人さまの心のともし火となっている人も多いのです。

世の中を広く見渡して生きていきましょう。風は人選びをしないで吹いています。よい風にするか、しないか、それはその人の心しだいです。

9話　もう一つの眼を持つ

禅のことばに「八風《はっぷう》吹けども動ぜず」とあります。正しくはこの下に「天辺《てんぺん》の月」が加わります。「八風吹不動天辺月」（八風吹けども動ぜず天辺の月）。中国の詩人・寒山《かんざん》のことばです。人はだれも生きていく上で、さまざまな風にあおられます。自然界からも人間界からも、風の止《や》むときは一っ時もありません。人はみなその風に向かい、その風の中を生きていくのです。

八　風

利《り》――思いどおりにいくこと
衰《すい》――思いどおりにいかないこと
毀《き》――陰で悪口を言うこと
誉《よ》――陰でほめること

称《しょう》――目の前でほめること
譏《き》――目の前で悪口を言うこと
苦《く》――とらわれ悩むこと
楽《らく》――浮かれて楽しむこと

どの一つとも毎日縁がありそうですね。一つひとつを見ていくと、みんな自分にはてはまりそうです。「毀誉褒貶《きよほうへん》」という言葉がありますが、これは、ほめることと悪口を言うこと、悪評と好評のことをいいます。人間関係がうまくいかないというのは、みなこの八風の中に引きずり込まれているからなのです。

この中に、ほめるとか楽しむとか、よい面もありそうですが、そうではありません。人は、ちょっとほめられたり楽しいことがあったりすると、いい気になって思いあがってしまうから、やはり八風の中に入れておくべきなのでしょう。

さて、この八風に吹かれたとき、自分はどうすべきか、そこが問題です。

寒山は「天辺の月」と言いました。輝きながら広い空をいくあの月を見れば、人間界のいざこざなどは取るに足らないではないか、と大声で叫んでいるのが「天辺の月」なのです。ですから、八風を全部暗記してみたところで、自分が改革されるわけではありませんね。大事なのは「月を仰ぐ」という行為なのです。

たった一人になり切って、煌煌《こうこう》と輝く月を仰ぐとき、人の生き方は変えさせられていくのです。「見る」から「観《み》る」へと変わっていくのですね。

鎌倉時代に浄土宗《じょうどしゅう》を開かれた法然上人《ほうねんしょうにん》（1133〜1212）は、

月かげの　いたらぬさとは　なけれども　ながむる人の　こころにぞすむ

と詠《うた》われました。

苦しみ悲しんだ人の心の中に、音もなく染み込んでいく一首だと思います。

不運の風がいっぺんに吹き込んできたことが、わたしにもありました。

長男が足を折り、妻が胸の病で療養所に入院し、母親ががんにたおれ、わたしが交通事故に遭《あ》って入院。それらの不運が一度に襲《おそ》ってきたのです。

もし〝氷でできた階段〟があったとすれば、どこにつかまりようもなく滑《すべ》り落ちて、地下十階から出られなくなったような思いでした。そのとき、世間の人をじっくり見つめることができましたね。だまって力になってくれる人、やさしい言葉をかけてくれる人、知らんふりしている人、掃除《そうじ》や炊事《すいじ》を手伝ってくれる人、買い物をしてくれる人、世間の人はじつにさまざまなのでした。

暗い、寒い、氷の地下室から上を見ると、なんと煌煌と輝いている月が見えたではありませんか。わたしにとって、そのときの「お月さま」は「仏さま」でしたね。何も言ってはくれないその月と、わたしは毎日対話をして過ごしました。そして、長生きをして、かならず「いい仕事をしてみせる！」と、心に誓《ちか》いました。

五十年に近い歳月を振り返ってみると、それらがみな輝いて見えてくるから不思議です。八風の一つひとつと、現在の自分を照らし合わせてみることも大事だけれど、月と語り合うことのほうがもっと大事だと、わたしは思っています。

10話　しなやかに生きる

禅の世界では「しなやかに生きる」ことを大切にしています。「柔軟心《にゅうなんしん》」というのがそれですが、これは『観音経《かんのんぎょう》』の「質直意柔軟《しつじきいにゅうなん》」を母体としています。曹洞宗《そうとうしゅう》を開かれた道元禅師（1200〜53）が中国の如浄禅師《にょじょうぜんじ》（1163〜1228）から禅の教えを受けて帰国されたとき、ある人から、「宗《そう》の国で何を学んでこられましたか？」とたずねられ、「柔軟心を学んできた」と答えられた話は有名です。如浄禅師の教えのすべてが柔軟心であった、ということですね。

これについて、長野県の龍渕寺《りゅうえんじ》さま（盛宣隆師）が、「寺だより」にとても分かりやすいことを書いていらっしゃったので、ほんの少しですが紹介させていただきます。

――水は方円《ほうえん》に従うというように、水ほど柔軟なものはありません。どんな器にも収まり、高所から低所に流れ、とどまることはありません。柔らかくてしなやかな竹や柳、それに風鈴《ふうりん》も、東西南北の風を選ばず、しなやかにその風を受けています。

人もまた〝柔軟な心〟があれば、新たな気付きやヒラメキから、考えて行動する考・動へ移すことができます。発想の転換や逆転の発想で乗り切ることも可能です――

このとおりだなあ、と思いましたね。「風を選ばない風鈴」というのがいいですね。「あらがわない生き方」がなんとも素敵です。

思い出しました。中国の、とあるレストランで食事をしていたとき、美しい風鈴の音色《ねいろ》を耳にしました。廊下の曲がり角に吊《つ》ってある風鈴です。行って見ると、風鈴の短冊に「如意《にょい》」と書いてあるではありませんか。「意の如し。風まかせ、自在」ということですね。店主がうしろに立ちました。二人は顔を見合わせ、たがいにうなずき合いました。風を選ばない世界、で通じたのです。

柳もそうですが、すすきも風にあらがうことがありません。風まかせで、揺れどうしに揺れて折れないのです。風に抵抗したら、たちまち折れてしまうことを、すすきは知っているのです。私たちは、人から忠告されると、「だって、あのときは、こうだったのだから」と、すぐ弁解をします。素直に受ければいいものを、くやしさ余って、いいわけをしてしまうのです。我《が》のはたらきなんでしょう。我のつよい人ほど成長しない、ということを、その人は知らないのだと思います。
金子みすゞの詩にふたたび登場してもらいます。

石ころ

きのは子供《こども》を
ころばせて
きょうはお馬を
つまずかす。
あしたは誰が
とおるやら。

田舎《いなか》のみちの
石ころは、

赤い夕日に
けろりかん。

「こんなところにだれが石を置いたか、ということよりも、赤い夕日を見ることのほうがはるかに大切だよ」と、「けろりかん」は教えてくれています。「けろりん」ではないですよ。あれは頭痛薬ですから（笑）。

こだわらないで、より大切なほうへ目を向けるところが「柔軟心」なのです。

忠告されたら、頭に手をやって、ちょこっとベロを出して、にっこり笑えば、それですむのです（笑）。

長女が嫁《とつ》ぐ日の朝、わたしに「小さな言葉を一つください。それを大切に生きていきます」と言うので、色紙に「かざらず、かまえず、かたよらず」と書いて持たせました。飾ると覗《のぞ》かれる。構えると疲れる。片寄ると見えなくなる。これも柔軟心、しなやかな心なのです。頼まれて、とっさにこんないい言葉が飛び出したなんて、自分でも感心しています（笑）。

第3章

考え方を変えてみる

1話　もう一歩深いところを見る

女子高で国語の授業に出たとき、うしろの四、五人が騒いでいるので、そばに行ってみると、画用紙を裏返して「見ちゃダメ！」と言います。

「そう言われると余計見たくなるんだよ」と言って無理に取り上げてみると、棒グラフが書いてあって、下のほうには男の先生方の名まえ。一番長い線の隣りに「君が代先生」と書いてありました。

聞いてみて驚きましたよ。同じ靴下《くつした》を三日も四日も続けてはいてきたので「コケのむすまで」、それで「君が代先生」なのだそうです。

教壇《きょうだん》に戻って黒板に「深思遠慮」と大書《たいしょ》しました。「読めるか？」と聞いたら「読めません」と言うんだね。

そこでわたしはこんな話をしたのです。

「これはね、じんしえんりょ、と読むんだよ。深きを思い遠きを慮《おもんぱか》る、思いを深めて遠い先まで考える、という意味なんだね。同じ靴下を続けてはいてきたから、コケのむすまで、君が代先生というのは、深い見かたではないんだね。あの先生は、気に入った靴下があると、二足も三足も、同じ色、同じ柄《がら》のものをいっぺんに買う先生なんだよ。ちょっと見ると、代り映えはしないけど、いつもきれいな靴下をはいてきているんだ。

人間ってね、上辺《うわべ》だけ見て人を批判したりしてはいけないんだな。深いところに目をやらないといけない。みんなも、この学校を卒業して社会に出ていくと、周囲からいろいろな目で見られ、批判される。そんなとき、この言葉を思い出すといいよ。そして、自分はなるべく表面だけで人を語らないように心がけるんだね。分かってくれたかな？」

「深思遠慮」、この言葉は『父母恩重経《ぶもおんじゅうきょう》』という経典《きょうてん》のおしまいのほうに出てきます。知ったのは二十歳のころ。早いうちに知っていてよかったなあと思っています。

世間は何かとうるさいですよね。あの人が、この人が、と言い合って、傷つけ合っているのがこの世の中。布団《ふとん》にもぐりこんでも、まだ言い足りなかったことを思い出して、くやしくて、くやしくて、眠れない、なんていうようでは、人生、めちゃくちゃのまま終わってしまいます。

浅い見かたで人を見て、失敗したことがあります。

酒席でしたがね、わたしの目の前の女性が、ほとんど聞こえないような小さな声で話をするので、「もう少し大きな声で話してくれませんか」と言ったところ、隣りの男性がわたしに口を寄せて小声で言うのです。

「彼女はね、のどを手術したばかりなんですよ。小さな声でしか話せないんだそうです」

これでわたしはギャフンでしたね。「深きを思い……」どころの話じゃなかったんですよ。

もう一つ、思い出しました。ずうっと前の話だけれど、うちの寺で仏教講座を開いていて、年一回、旅行をしていました。

若い女性の一人が「母も連れていきたい」と言うので、「いいよ」と言って、大勢でバス旅行です。サロンバスのうしろで乾杯《かんぱい》をしようというのに、そのお母さんだけがカップを持たない。「私はダメなんです」の一点張り。

わたしはなんと「農薬だって飲む人がいるんですよ」と言ってしまったんです。そのお母さんは笑っていましたがね。

次の休憩《きゅうけい》のとき娘さんが言いました。「父が亡《な》くなって四十九日も済《す》んだところです。母がさみしいだろうと思ってこの旅行に連れて来ました。じつは、父親は農薬を飲んで亡くなりました」。

全身から血が抜けて真っ青になった、というのはこのことです。

以来、私は〝農薬〟と聞いただけで身体《からだ》が震《ふる》え熱が出るようになりました。

深く思わない言葉というものは怖《おそ》ろしいですね。

「粗《そあら》なることばをなすなかれ」と、お釈迦《しゃか》さまはよくさとされました。よくよく反省させられる教えです。

でも、失敗するたびに反省させられるということは、教えを生かすという意味で、ありがたいことだと思うのですよ。

2話　青二才はすばらしい！

「七十歳は青二才」、俳人・金子兜太《かねことうた》氏（1919～2018）の言葉です。九十歳を超えてまで山ほどの仕事をこなされた人から見ると、ずばり、こういうことが言えるのだと心を打たれました。「頑張れ、人生はこれからだぞ！」という励ましの言葉なのです。老いていくということは、これまでの人生の厚みが、一日一日にかかっていくということでしょうか。逆に言えば、過去の全部の積み重ねが今日一日に現われる、ということだと思いますね。そう考えると、新しく迎える一日がなんと尊い一日であることかと、心が踊ってくるのです。わたしは今八十三歳、自分ではまだまだ青二才だと思っています。「この一日をいかに仕上げるか」と、そして、「今日は何を学べるか」と、胸をふくらませて朝を出発させています。

仏教詩人・坂村真民《さかむらしんみん》さん（1909～2006）は、

年をとることは
いいことだ
とってみなければ
わからない世界が
開けてゆく

と言っていますが、本当にこのとおりで、今まで見えなかったものが見えてきて、毎日が新しい発見の連続です。夜になって「今日の収穫《しゅうかく》は？」と振り返ってみると、必ず一つや二つはあるものです。そのときの気分のよさや一杯の美味《うま》さといったら話になりません。いや、余計なことを。

たとえば、これを書いている今日、どんな収穫があったかというと、わたしと同年齢である農家のご主人、法事が終わったあとの食事会で、わたしが、

「また新しい馬を買われたのですね。さっき、お墓参りの帰りに鼻を撫《な》でてきましたが、うれしそうに首を振っていました」

と言うと、こんなことを聞いてきました。

「和尚《おしょう》さん、馬を買うときの秘訣《ひけつ》を知っていますか？」

「さあ、分からないね。わたしも馬を飼ったことはあるんだが」

「馬市へ行って何十頭の馬を見て歩きますが、一発で〝これ〟と決める秘訣があるんですよ」

「馬の目を見るのかな？」

「いや、反対です。馬のほうから人間の目を見るんです。あの馬はわたしから目を離さなかった。この人なら、と思ったんでしょう。飼い主を馬が決めました。だからあの馬を買ってきたんです」

感動しましたね。これまで知らなかったことを教えられたからです。すばらしい今日の収穫でした。

飼い主のいない「野の猫」を「野良猫《のらねこ》」と言っていますが、遠くのほうから人間を見て、「この人は」と思うと、だんだん近づいてきて、しまいには人間のほうが負けて、ついに飼わざるを得なくなります。こうしてわたしは何十匹の猫を飼ってきたでしょうか。〝猫の家〟を造って最高三十三匹まで飼いました。野良猫はひざに乗らない、と言われているけれど、そんなことはありません。人間の目を見て、ちゃんとひざに乗ってきます。どうしても乗らない猫を「乗らねえこ」と言っているのですね。「自分の目で見ることが大事」とよく言われますが、「見られているのが自分の目だ」ということも考えないといけないと思います。

人びとは、じつによく人を批判します。その自分も批判されているのだ、というところにも目を向けたいものですね。悪口の言い合いではなくて、言われたら「言われないようにするためには？」と考えることが大切なのではないでしょうか。奈良の東大寺三月堂には〝不空絹索観音《ふくうけんじゃくかんのん》〟がそびえ立っています。あの眼差《まなざ》しのきびしさ（あるいはやさしさ）には圧倒されます。

自分が仏像を仰ぐのではなく、仏像が自分を見つめていてくれるのだ、と気がついたとき、新しい一日が始まる、そう思わずにはいられません。

より高いもの、より深いもの、より真実なるものを求めて生きるために、「青二才」はあるのだと、わたしは受け止めています。

3話　信じて学んで自分を変える

ネパールの〝チャリコット〟という所に小学校建設をしていたとき、めずらしい雲の写真を撮《と》りました。大ワシが翼《つばさ》を広げた形で、首もあり、口ばしもあります。ヒマラヤに詳しい人の説明によると、両翼の端《はし》から端まで七キロくらいは十分あるとのこと。七千メートル以上の山では風速百十メートルほどあり、風が山にぶつかると、反対側に雲が誕生し、それが一塊《ひとかたまり》の雲となって流れ、いろいろな動物や鳥などの姿になって楽しませてくれるそうで、世界中のカメラマンたちがそれを撮りにやって来るとのことでした。しかし、大ワシの写真を撮った人はまだいないそうで、わたしは大いに気をよくしていました。

これをNHKテレビが放映したため、たちまち全国の話題になって、「お守りにしたいから一枚送ってほしい」という人が多く、お手上げ状態でした。

あるお寺でこの話をし、懇親会に出たところ、「あの大ワシの写真の話は信じられない」という男性がいたのには驚きました。

信じられないということは、事実を否定するということですから、これは困った問題ですね。私はその人に言ったのです。

「家に帰ってその写真を持って来ましょうか。新幹線に乗って、五時間もあれば往復できます。真実だったら、どうします？」

するとその男性は「それさえも信じられない」と言うのでした。

住職さんが、「あなたは帰りなさい。信心無き者は無用です！」と言って帰してしまいました。

「信じられない」。こういう人がこのごろ多くなっているような気がしていますね。教えが信じられない、師が信じられない、自分が信じられない、これでは成長もいきがいもなくなってしまいます。

三疑《さんぎ》（三つの疑い）

一．教えを疑うこと

二．師を疑うこと

三、自らを疑うこと（『成実論《じょうじつろん》』）

お釈迦さまがかたく信じていることです。

世の中には「この目で見なければ信用できない」という人が少なくありません。この目とはどんな目なのでしょうね。一寸先しか見えない目だとすると、感動もないし、吸収もないのでしょう。日々成長ということも望めなくなります。

「自分が嫌《いや》になった」とはよく聞く声ですが、それではあまりにも自分が可哀相《かわいそう》ですよ。自分が好きになれなかったらどうすればいいのですかね。簡単なことですよ。もうちょっとましな自分づくりに努力していけばいいのです。一つ覚え、二つ覚え、学びを多くし、吸収を多くする。つまり、新しい空気を八方から吸いこむ姿勢をとればいいのです。それには、我《が》を張らないこと、素直《すなお》に受け入れること、それが大事なのです。

「担板漢《たんばんかん》」という禅語があります。「板を担《かつ》いだ漢《おとこ》」のこと。半分の世界しか見えない人のことを言います。漢でなくとも女性でも同じことですね。担いだ板を下ろせば四方八方が見えるのに、この人は板を下ろそうとしないのです。板の反対側からも光は射し込んでくるのに、「この目で見ないうちは信用できない」と言って、来る日も来る日も我をとおして生きていく人、これではどこまで行っても淋《さび》しい人生です。

自分が嫌になったからといって、その自分をすぱっと捨て切ることなどできません。ですから板を下ろして、まずは深呼吸をして、風景から、人の話から、書物から、なんでも自在に新しいものを吸収して、自分を大きく、広く、育てようと思うことが先決です。できるだけよいもの、美しいものを素直に受け取る努力をしていけばいいのです。

「美育《びいく》」という言葉がありますね。これは、美術・音楽・文学など、芸術的材料によって自分の情操《じょうそう》を養っていくことです。自分自身のちからで自分を変えていく世界のことなのです。

めずらしい写真を見たら「へえ？」と言って、すっとんきょうな声をあげる人間になりましょう。「トリックに決まっている」なんて思うと、真っ暗な人生を歩むことになりますからね。

4話　ある少年と若い医師

〝顔面神経麻痺症《がんめんしんけいまひしょう》〟という病気にかかって十七日間入院したことがあります。顔面の左半分が引きつれて、食べることも、話すことも、ままならなくなってしまったのです。「困ったなあ」と思ったのは、その間、四会場の講演を受けていたからです。スケジュールを見せて医師に相談すると、

「どうぞ、出かけてください。話をして口を動かすこと、これはリハビリになります。治療は夜やりましょう」こう言ってくれたのでした。

ぬれたタオルを顔の左に押し付けて話をするのは大変でした。聴《き》いてくれる人たちは気持ちの上でもっと大変だったろうと思いましたね。

ある夜、外出先から帰って治療を受けていたとき、若い医師がこういう話をされたのです。

「今日はとってもうれしい日でした。この病院に暴走族の一人が〝大腿骨複雑骨折《だいたいこつふくざつこっせつ》〟で入院していましてね。もう四か月近くになりますが、どうにか松葉杖《まつばづえ》を使って歩け

るようになりました。まだ十八歳の少年ですが、初めから口が乱暴でね、辺《あた》りかまわず怒鳴《どな》り飛ばすんですよ。看護師なんかも、もうお手上げでした。

その彼が、今日は突然おとなしくなって、治療中、私にこう言うのです。

『オレは自分が間違っていたことにやっと気がついた。オレの部屋に近づいて来る看護師さんのスリッパの音、あれはオレを助けるための音だった。マッサージをしてくれる先生方の指先、それもオレのための指先だった。やっと分かったんだ。これまで乱暴だったオレを、どうか許してください。オレは今日から変わるよ。変われば、仲間から指一本落とされるかもしれない。落とされてもいい、そう決心したんだ。退院して、もし許されるなら、この病院で働きたい、そう思っているんです。先生、今までのこと、お詫《わ》びします。そして、これからのオレを、よろしくお願いします』

こう言ってね、涙ぐんでいるんですよ。『分かった、頑張れ！』と言いながら、私ののども痛くなっていました。私は今日、医者になってよかった、と思いました」

顔のマッサージを受けながら、わたしのほうも鼻の奥が痛くなってきましたね。突然、少年の心を変えたものってなんだったでしょうか。人間の心の中には、怒ったり、悩んだり、喜んだり、反省したり、感謝したり、そういうものが数えきれないほどたくさんあって、何かの刺激でその一つが目覚めると、それが広がっていって、心の中がそれでいっぱいになる。そういうことってあると思うんですね。たった一言、「ごめんなさい」と言っただけで大声で泣き出してしまうということがある。それと同じだと思うんです。看護師さんたちが大きな声でやりとりしている、廊下を駆けて行く、救急車がやって来る、何かあったんだろうか、と思った瞬間、「ああ、オレのときもそうだったんだ」と、その少年は思ったのかもしれませんね。そこから反省が始まっていって、「このオレはどうしようもない人間だ」と気がついたのかもしれない。

「許してください」と言えたのがよかったね。これを声に出して言わないと、元に戻ってしまうのが人間です。言えば、自分との約束になるんです。

わたしは若い医師からこの話を聞いて、自分の部屋に戻って少年の再起を祈りました。そして、こんなことを思いました。

「少年の心の中の仏さんと、お医者さんの心の中の仏さんが、ばっちり握手をしたんだ」と。

詩人・八木重吉《やぎじゅうきち》（1898〜1927）にこんな詩があります。

草に　すわる

わたしの　まちがいだった
わたしのまちがいだった
こうして　草にすわれば　それがわかる

青い草の上に、ひとり両足を投げ出して、流れてゆく雲を見送っていると、自分が見えてくるのです。

『法華経《ほけきょう》』には「唯仏与仏《ゆいぶつよぶつ》」（ただ仏と仏）とあります。少年と若い医師とは、仏さんと仏さんの出会いです。二人の涙がそれを物語っています。

5話「恩返し」から「恩送り」へ

ある男性から〝悩みごと相談〟の手紙がきました。要約するとこうです。

「自分は若いころ乱暴な生き方をした。家族には迷惑のかけどうしで両親から家を追い出されれた。流れ流れて、今はA県に住みつき、四十歳で一人暮らしをしている。最近、怖《こわ》い顔をした母親の夢をよく見る。考えてみたら一度も親孝行をしたことがない。父も母も七年前に亡くなったらしい。墓参りはしていない。恩返しは今さらできない。これ以上悪夢はごめんだ。どうしたらいいのか……」

困ったことですね。特効薬があれば買って送りたいけれど、そんなものありはしません。

考えた末、私は次のような返事を書いたのです。

「苦しい夢が見られるなんて、あなたは幸せな人ですね。良心がとがめているから、そんな夢を見るんですよ。まだまだ望みありだね。しかも四十歳という若さ。それで、親孝行をしたことがない、なんて、早くも気がついている。立派なことじゃありませんか。

故郷へは帰りにくいだろうけれど、夜中でもいいからこっそりやって行き、一度墓参りをするといい。墓の前に四つん這《ば》いになって、両親に声を出してお詫《わ》びをするといい。するとね、不思議に生きる力が湧《わ》いてくるものなんだ。ただ飯を食って生きるということじゃないよ。だれとでも仲良く手をつないで、どんな小さなことでもいいから、人が喜んでくれるような仕事をしてゆくことさ。それをね、両親はちゃんと見ているんだな。そして〝ほっ〟としてくれるんだよ。

親は、自分が死んだからって、わが子のことを考えないわけじゃないんだ。ずうっと見つめていてくれる、見つめないではいられない、それが親ごころというものなんだね。家を建ててやったり、旅行をさせてやったり、物や金をたっぷり贈ったからといって、それが親孝行じゃない。子どもがいつまでも元気で、いい子であってくれれば、それで安心、これが本当の親ごころなんだと思うよ。

だから、墓の前で土下座《どげざ》してお詫びをしたら、それからあとの人生を大事に送ること、それでいいのじゃないかな。これを〝恩送り〟というんだよ。恩返しができなかったら恩送りをすること。それは恩返しと同じことなんだね。

生意気なことを書いたけど、かく言うわたしもね、大雪の中を森の中まで歩いて行って、おふくろの墓の前に両手をついて『長い目で見ていてくれよ！』と、自分への誓《ちか》いを立てたことがあるんだ。もう半世紀も前のことだがね。気持ちのいいもんだよ。悪夢なんか一度も見たことがない。

あなたが、気持ちのすっきりした、清々《すがすが》しい人生を、これから歩んでくれることを祈っていますよ。

この手紙を読んでくれて、〝そうか〟と思ってくれたらうれしいねえ……」

このあとすぐまた手紙がきて、「泣けて泣けて仕方がなかった。頑張ります」とありました。根は素直で、いい人なんでしょうね。

「人生、やり直しはきかない」などとよく言いますけど、時間的にはそうかもしれないけれど、内容のほうではいくらでもやり直しがきく。死ぬ一秒前でも、「私はばかだった」と反省できれば、成佛《じょうぶつ》するって言いますからね。それだけを思って生きられても困りますけどね（笑）。

人はだれでも失敗します。なるべく失敗をしないようにと心がけていても、失敗することがあるのですね。そういうときは「もう取り返しがつかない」などと思わないことですね。その失敗をよい経験として、さらに伸びていくことを考えるようにしたいものです。

また、失敗をして恥ずかしい思いをしたら、人のせいにしないで素直にわが非を認めることが大事だと思います。

慚恥《ざんち》を離《り》すれば即《すなわ》ち諸《もろもろ》の功徳《くどく》を失《しっ》す。
（恥を知らない者にいいことはない）
有愧《うぎ》の人は即《すなわ》ち善法《ぜんぽう》あり。
（恥を知る者にはよいことがある）

これはお釈迦さまの遺言《ゆいごん》の中にあることばです。失敗恐るべからず、です。

6話　自分を連れ出すもう一人の自分

今から千百七十年ほど前、中国に師彦《しげん》（伝記不詳）という坊さんがいました。

この人は毎日大きな岩の上で座禅をしながら、自分に向かって「おい、主人公！」と呼び、「はい！」と返事をし、「目を覚《さ》ましているか！」「はい！」「人にだまされるなよ！」「はい！」と自問自答していたといいます。死ぬまで説教はしなかったそうです。

「主人公」とは「本当の自分」ということ。「目を覚ましているか」とは「冷静であるかどうか」ということ。「人にだまされるな」とは「いい気になって横道に逸《そ》れるなよ」ということです。つまり、自分といつもたたかっている、ということなのですね。自分の中にもう一人の自分がいて、しっかりしているのかどうか、いつも問いただしているということなのです。

私たちにもよくあることです。行こうか行くまいか、言おうか言うまいか、買おうか買うまいか、これも自問自答の一つなのです。

机の仕事に疲れていたら、もう一人の自分が、わたしに言うのですね。

「机にばかりしがみついていないで、たまには庭でも歩いてみたらどうか。今、梅の花がとてもきれいだよ」

そうか、と思って庭に出てみると、なるほど、三分先の梅の花の白さと、うす青い空のやわらかさが、かやぶき屋根の渋さと調和して心をもみほぐしてくれるのでした。梅の花を仰いでいると、一句が浮かびあがったのです。

梅を見にわれを連れ出す吾れが居《お》り

（朝日俳壇・川崎展宏選・平成12・3・19）


このときわたしは、俳句とは別のことに心を躍らせていました。

「自分に呼びかけるもう一人の自分がいる。その声にしたがって外に出る。出ると授かるものがある。人生とはこれかもしれない」

そしてそのとき、室生犀星《むろうさいせい》の詩を思い出したのでした。

何者ぞ

何者か割れたり
我《わ》が中《うち》にありて閉《と》じられしもの割れたり
かれらみな声を挙《あ》げて叫《さけ》び出《いだ》せり
桃《もも》の実《み》のごときもの割られたり
星のごときもの光り出《いだ》せり

いい詩だと思いますねえ。何度口ずさんでもいい詩はいい詩です。人はみな、胸の奥のほうに〝桃の実〟のようなものを持っているのではないでしょうか。そして、その桃の実は、だれかが声をかけてくれるから割れるのですね。自らはなかなか割れない。素敵《すてき》な人からの呼びかけがあって初めて割れるんです。「声を挙げて叫び出せり」と言うんですから、よっぽど嬉《うれ》しかったんでしょう。叫び出てきたものは「星のごときもの」、きらきら輝きながら、みんなで手をつないで飛び出してきたというんですね。

みなさんの心の底の底からは、どんなものが割られて、どんなものが飛び出してくるんでしょうねえ。もう、みんな飛び出しちゃって何もありゃしねえ？（笑）。

これはね、禅の世界で大事にしていることなんですよ。「挨拶《あいさつ》」というのがそれです。挨は呼びかけ、拶は応え。「呼応《こおう》」とも言っています。呼ばれたら応える、ということですね。師が弟子に話しかけると、弟子が答えます。その返事の仕方によって人間の出来・不出来が分かる、というものです。

みなさんの心の扉《とびら》も、たまにはノックされますか？（笑）。ノックされても、すぐにドアを開《あ》けてはだめですよ。いい人が来てくれたときだけ、開けるのです。

心がけのいい人や、素直で正直な人、道を求めている人、世のために少しでも役立とうとしている人、そういう人に、ある日ある時、いい風が吹いてくるのです。

自分をときどき外へ連れ出して、新しい空気を吸いましょう。さわやかな人には、さわやかな風が吹いてきます。それをわたしは「おとずれ」と呼んでいます。

7話　別の方法があった

「もうだめだ！」と思うと本当にだめになり、なんとかならないか、とあたりを見回して考えているうちに、別のいい案が浮かぶ、ということがあるものです。

ネパールでそんなことがありました。〝チャリコット〟という山の中の小さな町に小学校を建設していて、一時日本に帰ろうと、そこを出発して間もなく、私たち十一人が乗ったミニバスが動けなくなってしまったのです。目の前に故障した大型バスがあり、左右の後輪がはずされ、ジャッキで支えられていました。坂道で、しかもカーブの所。左は崖《がけ》、右は側溝《そっこう》、民家の屋根のひさしがその側溝の上に突き出していました。

聞いてみると、一週間くらいは無理だろうとのこと。冗談《じょうだん》ではありません。今日のうちにカトマンズに戻って、明日は日本に帰らなければならないのです。私たちは途《と》方《ほう》に暮《く》れました。考えても考えてもよい方法が見つからないのです。

集まって相談をしていたネパール人の一人が来て、「ミニバスが通れるだけのバイパス（迂回路《うかいろ》）を造る」と言い、私たちが承知をすると、仕事はすぐに始められました。

民家の石垣はどんどん崩《くず》されます。その石垣の上には子どもたちが三十人ほど。道具はツルハシ一本しかありません。あとは全部素手《すで》でやるのです。側溝は石でたちまち埋められ、民家の一部は壊《こわ》されました。「ミニバスを通したあとで、屋根も石垣も元に戻せばいいではないか」とそのネパール人は言うのです。「なるほど！」とうなずくしかありません。

見物人はざっと百五十人。その賑《にぎ》やかさといったらありません。

バイパスはたちまち出来上がり、私たちのミニバスは、大型バスと民家の間を、左右一ミリずつの間を見事に通り抜けました。運転手の腕前《うでまえ》には感動しましたね。

見ていたネパールの人たち全員が、

「ゼーイ、ゼーイ、ネパール！」

と叫びました。

「どうだ、見たか。ネパール人はやるだろう。バンザイ、ネパール！」

ということです。

建設主任のオギノさんが、

「こういうことは初めてですよ。石垣を崩そうが、家を壊そうが、元に戻るんだからいいではないかと。日本人にはちょっと考えられない発想ですね。彼らの〝行《ゆ》き詰《づ》まらない〟ところがいいですね」

と、感心していました。

支払いについて聞くと、バイパスを造るのは無料、屋根と石垣を元に戻す費用だけ五千円くれればいい、ということでした。まるでうそみたいな話ですよ。

このへんがネパール人らしいところなのです。全部でいくら、なんて言いません。半分はサービスするというのです。学校を建ててくれる日本人だから、という意味と、もう一校お願いできないだろうか、という意味と両方あるんだからとてもかないません（笑）。

その夜、カトマンズのホテルで下山祝いをしたとき、わたしはこんなことを話したのです。

「いつだったか、インドへ行く途中の、タンコットという町の丘で、美しく広がっているヒマラヤを撮ろうと三脚を張ったときだよ、子どもも大人も大勢集まってきて、前景をふさいでしまった。『左右に分かれてくれ、写真を撮るんだから』と頼んでもね、動かないんだよ。交渉に行ってきたガイドが、『だめです。彼らは、自分が動け、と言っています』と言うんだね。ぎゃふんときました。『そうか、自分が動くのか』、わたしゃ、彼らに合掌《がっしょう》して撮影位置を変えたよ。日本に帰って、このことをあるカメラマンに話したらね、その人はこう言った。『日本人は手で他人を動かしますが、よくないことですね。私も気をつけます。いい勉強をされました』と快く受け止めてくれました。『自分が動け』、この一件は生涯忘れまい、と肝《きも》に銘《めい》じました」

ネパールの人たちは、威張《いば》ってそう言ったわけではないんですね。ちょっと動けば方法はあるんだよ、ということを教えてくれているんです。行き詰まっても、「もうだめだ！」なんて思わないことですね。一息入れて周りを見回すと、生きる道はいくらでもある、これを「一智《いっち》を長《ちょう》ず」（一つ利口になった）と言っています。

8話　感動こそが自分を成長させる

「私は何を見ても、聞いても、感動するということのない人間なんです」と言う人がいます。困ったことですね。「じゃ、涙は出ないのですか?」と聞くと、「いえ、涙は出ます、くやしいとき」と答えるんです。わたしはそういう人に言うのです。「それなら大丈夫、やがて、嬉《うれ》しいときにも涙が出るようになりますよ。嬉し涙くんが朝寝坊しているんだね。うらやましいなあ、朝寝坊ができるなんて」、こう言ってもきょとんとしていますね。幸せが過ぎる人なんです。

人は悲しみ苦しみを重ねていくうちに、人さまからの厚意《こうい》というものが身にしみて分かってきますからね、幸せなうちは嬉し涙なんか出ないんです。

これでもか、これでもかと、悲風にあおられているときは、世間の冷たさも分かってきて、なんとなく下を向いて歩くようになるものですね。

そんなときですよ、一輪《いちりん》の花の美しさに感動できるのは。風にも雨にも耐えながら一生懸命生きている、その可憐《かれん》さには心を打たれます。

萩原朔太郎《はぎわらさくたろう》（1886～1942）は竹に感動しましたね。山村暮鳥《やまむらぼちょう》（1884～1924）は雨に、室生犀星《むろうさいせい》（1889～1962）は水に、まとまない感動を得たことを詩につづっています。

歌人でも詩人でも同じこと。この間、現代短歌集を読んでいたら、次の歌に出くわしました。

草花と子は漢字もて書きをれり　草がんむりの文字ふたつよき

前川佐美雄

漢字を覚え始めたわが子でしょう、草、花、と、顔を近寄せて書いているのです。それを見て父親は、「草、花、二字とも草がんむりだ。なんと美しい漢字があったものか」と、感動しているのです。この歌に出会って感動する人もいれば、その人の話を聞いて感動する人もいる。説明されても分からない人には分かりません。幸せなんですね、そういう人は。悲風に遭《あ》わないほうがいいんだけれども、やがて遭わざるを得ないのが人生ですよね。そのとき初めて朝寝坊くんが目覚めるのです。

次の俳句と出会っておえつした人がいます。

蓑虫《みのむし》の父よと鳴きて母もなし
高浜虚子

体から糸を出して、枯葉や木の皮をつづり合わせて、袋みたいな巣を作ってその中に棲《す》む、あのミノムシ。木の枝や灯ろうなどにぶらさがっている、あの素敵《すてき》なコートを着たミノムシくん。あんなあたたかそうなコートはどこにも売っていません(笑)。「父よと鳴きて」といいますから、「チチ、チチ」と鳴くんでしょう。それを「父よと鳴きて母もなし」と、高浜虚子(1874~1959)は詠《よ》みました。

この句に出会って泣いた女性は、四歳のとき両親を失っています。父とも母とも永遠の別れをしたあの日のことを思い出したのかもしれませんね。

この方は、そういう悲しい運命の風を浴びていますから、何を見るにつけても感動するんです。体験は人をやさしくします。

わたしは悲風にあおられて、どう生きていったらいいのか分からなくなっていた時分に、〝犬ふぐり〟の花にかがんで立てなくなったことがありました。暖かい日差しのもと、何万というイヌフグリの花が咲き誇っています。一輪一輪をよく見ていたら、大きな発見があったのです。四枚ある花弁のうち、三枚が空の色、あとの一枚が雲の色だったのです。空から青をいただき、雲から白をいただいて咲いているのがイヌフグリの花。あまりの感動に涙ぐんでしまいました。「よし、頑張るぞ！」という力をあの花からもらいましたね。

このことを宇宙物理学者のKさんに話したら、「それに気づいた人はいません。世界で初めてです。大発見ですよ」とほめてくれましたが、あれから二十年、なんの音《おと》沙汰《さた》もありません（笑）。

人間は苦しんでやさしくなり、やさしくなって感動し、感動して成長する、そういうものだと、わたしは思っています。

9話　山を見て目覚《めざ》めた少女

知り合いの寺の住職さんから、「十七歳になる少女を一週間ほどあずかってほしい」という電話がありました。聞いてみると、「学校へは行かず、どこといわず毎日遊び回っていて、良くない道へ滑《すべ》り込もうとしている。座禅をさせて鍛《きた》えてほしい」とのこと。住職が教えている〝ギター教室〟に通っていて、ギターを弾《ひ》かせれば一人前だと言います。どうしようかと迷いましたが、住職との交友関係もあり、わたしは妻と相談の上これを受けました。

あずかってみたら、とてもいい子なんですね。明るく、はきはきしているし、仕事もよく手伝ってくれます。うちの三人の子たちとも仲良くしてくれました。

わたしは、この少女に座禅をさせようとは思いませんでした。座禅はかぜ薬ではありませんからね。三日でも、五日でも、しっかりこの子を観察して、最後に一言贈ればいい、そう考えていました。ところが、なかなかの少女でした。酒も飲めば、たばこも吸う。ギターもかき鳴らしながら、きれいな声で歌もうたいます。

「良くない道へ滑り込もうとしている」と、かの住職は言ったが、この少女にそれを問う必要はない。しかし、あずかった以上、何かに目覚めてもらわなければならない。「それは何か?」と、わたしは考え続けました。気がついたのはお釈迦さまの教えに「山や川を見ることが大切だ」とあったことです。

天地を見て非常と想い
山や川を見て非常と想い
万物の盛んな躍動を見て非常と想い
そのことによって執着する心をもたなければ
早いうちに悟りの境地を得るであろう
（『四十二章経』）

これだ、と思いました。「この子は山河に親しんでいない。そうだ、でっかい山を見せることだ」、そう思って六日目に〝白根山〟へ連れて行きました。家から車で一時間半、白根山の山頂の石に少女を座らせたのです。

「向こうに見えるのは北アルプスだよ。三十分でいいからここにいてくれないか。ちょっとその辺を歩いてくるからね」

山頂の〝湯釜《ゆがま》〟を一回りして戻ってくると、少女は自分のひざを抱えて泣いています。どうしたのかと聞くと、少女は泣きながら、

「あの大きな山を見ているうちに、自分が小さくて、汚れていて、人に迷惑ばかりかけていて、毎日が間違っているということが、恐ろしいほど、分かりました」

と言うのです。

「そうか、それは良かった、とは思うけどね、人間って、急に変わることなんてできゃしないよ。ま、一つの思い出としてくれればいいのさ」

わたしは、「この子は変わる」と信じながら、そんなことを言ったのです。

その夜、少女は一晩中寝ないで、わたしの家族五人に手紙を書いたのです。

朝、一人ひとりに手紙を渡して、「お世話になりました。ありがとうございました」と畳《たたみ》に手をついてあいさつをしたのでした。

少女が帰ろうとした直前、父親から電話がありました。

「何？　座禅をさせなかった？　山へ連れて行った？　そんなこと頼みゃしないよ。なぜ娘を鍛えてくれなかったのか！」

あきれました。一週間、わが子が世話になったことに対する、これが父親のごあいさつだったのです。わたしは言いました。

「あなたの娘さんは、じつにいい子ですよ。こんないい子が間違った道へ走るなんて、考えられないことです。一つだけ考えられるとすれば、父親がどうしようもない人間だということです。なんですか、今の電話は。それが父親のあいさつというものですか。心を入れ替えるのはあなたのほうですよ」

父親は黙ったままです。わたしは静かに受話器を置きました。

少女は正座をし、両ひざに手を置いて涙を流していました。

「私は変わります。見ていてください」

そう言って少女は帰って行きました。

その後、少女は住職の知り合いの観光会社で働いているということです。

10話　陰《いん》を捨て、陽《よう》をとる

迷信にとらわれたり、縁起《えんぎ》を担ぐ人がなんと多いことでしょうか。「担ぎ屋さん」と言っていますが、こういう人の人生は暗くてさわやかでないですね。なんでもかんでも悪い意味に受け取る。これじゃせっかく授かった人生を台なしにしてしまいますね。

病院でも四号室と九号室がない。四は死ぬ、九は苦しむ、これでは四と九に申しわけが立たないですよ。日本人はとくに四を嫌いますね。四合《しあ》わせ、と受け止めれば明るくて気持ちがいいじゃないですか。

旅館を経営する夫婦が、一生懸命働いて、別館を造ることになった。新しい電話を入れたい。そこで電話局に行って、「旅館にふさわしい、縁起のいい電話番号をください」と頼んだところ〝1564〟番と決まった。「ヒトゴロシ、こんなバカな番号があるか」と文句を言ったら、「それはヒトコムヨと読むんですよ」と言われて喜んで帰ったそうです（笑）。受け止め方次第で暗くもなり明るくもなるんですね。

道を歩いていて転《ころ》んだときもそうですよ。「なぜ自分だけが転ぶのか」と考えるより、「骨を折らなくて良かった。不幸中の幸いだ」と受け止めるほうが明るい人生を送れるのです。

むかし、中村久子《なかむらひさこ》さん（1897〜1968）という人がおりましたよね。岐阜県の畳屋さんに生まれて、四歳のとき脱疽《だっそ》という病気にかかって両手両足を切断されてしまった方です。それでも力強く生きられて、結婚もされ、子どもも育てられた。全部、口でやったというから凄《すご》いです。三重苦の聖女といわれたヘレン・ケラーさん（1880〜1968）から「世界の奇跡」とまで言われましたね。着る物から人形からみんな自分の口で縫《ぬ》われました。

わたしは二十歳《はたち》のころ『私の越えて来た道』（中村久子著）という本を読んで、「この人のことを思えばどんな苦労にも耐えられる」と、大きな力をいただきました。今は『中村久子の生涯』（春秋社）という本になっていますね。

信仰心が篤《あつ》くて、こういう歌を作られています。

手はなくも足はなくともみ仏の　そでにくるまる身は安きかな

飛騨《ひだ》・高山市の国分寺境内には「悲母観世音《ひもかんぜおん》」という観音像まで建立《こんりゅう》されていま す。昭和四十三（1968）年三月、七十一歳で亡くなられています。

娘さんの富子さんが「恩返しができない」と言われたとき、母の久子さんはこうい う手紙を書かれています。

親の恩は子に返して行くもの
子のない貴女《あなた》は皆様に返して行きなさい
人様にしてあげられる時が人間最高の幸せ
してあげたいと願っても
してあげられない時が多いもの

岐阜県美濃加茂市へ出講したとき、富子さんが高山市からわざわざ話を聞きに来てくれましたね。帰りの電車も一緒でした。

「母は明るい人でした。そして、ものごとを善意に受け止める人でした。陰ではなく、陽の人だったのです」

こう話してくれました。両手両足もなく、一生を過ごされた方が、陽の世界を歩まれたのですから驚きです。

わたしはこういう人を「心に朝を持つ方」と言わせてもらっています。

なんでも良い意味に解釈できる人、こういう人はお顔もきれいですよ。美人だからといって「きれい」というわけではありませんね。みなさんは美人とすれ違って「ちきしょうめ！」と思いますか？（笑）。

「ああ、私は美人でなくて良かった。美人薄命《びじんはくめい》というから」（笑）。これもどうかと思いますけどね。

不幸続きの農家のおじいさん、いつもにこにこしているので、どうしてそうなのかと聞いたら、「手つかずの明日《あした》があるから」と答えてくれました。陰を陽に転じて生きているのです。心に朝がある人なのですね。

第4章

暗かったら窓を開けよう

1話　日々《ひび》若返る花のおじさん

東京・新橋での〝喫茶店辻説法〟（南無《なむ》の会主催）に招かれ、一時間半の話を終えて、さて帰ろうとしたときです。初老の男性が講師席まで来てこう言うのです。

「私は今七十歳。自分の建設会社を息子に継《つ》がせて自由の身になった。仕事がないので退屈。時々会社へ様子《ようす》を見に行くが嫌われる。妻と二人暮らしだが、趣味もないので毎日がつまらない。どうしたらいいのだろう？」

もったいない話ですね。わたしはこう答えました。

「七十歳なんて青春期ではないですか。人生、これからですよ。この間の新聞に、松葉杖の女子高生が毎朝交番に立ち寄って、一輪挿《いちりんざ》しの花を替えた、という話が載っていましたよ。三年間続けたということです。趣味がなくて退屈だなんてもったいない！　奥さんと話し合って明日から何か始めてください。晩年はかがやいて生きる時期ですからね」

男性はうなずいて帰って行かれました。

彼（Aさん）からの報告です。

――Aさんはその翌日、食器店へ一輪挿しを買いに行き、帰りに花屋さんに寄ってコスモスの花を買った。行きつけの病院に行って、「どなたでも結構ですから患者さんの枕元へ」と言って看護師さんに依頼した。これをしばらく続けていたある日、花を届けに病院へ行くと、二階からコスモスの花を挿した一輪挿しを持って少女が降りてきた。あまりにも美しい一輪挿しだったので聞くと、父親の手作りで栃木県の〝益子《ましこ》焼《やき》〟だと言う。コスモスの花はと聞くと、母親が裏の畑で咲かせたのと言う。Aさんは心を打たれ、家に帰って奥さんと相談。一輪挿しは益子で作る。花は自分で咲かせる。これを病院へ届けることを続けて、看護師さんたちから〝花のおじさん〟と命名される。今では看護師さんや知り合いの人たちと一緒に益子へバス旅行をしている。妻ともども生きがいを感じ、すっかり若返っている――

素晴らしい報告でした。一輪挿しに花を挿してプレゼント。わたしは例を伝えただけなのに、Aさんはそのとおり実践《じっせん》するのですから、この世にはずいぶん、素直《すなお》で正直な人がいたものですね（笑）。

しかし、これでいいのだと思いますよ。大事なのはかかがやいて生きる、ということですからね。

明日からの人生が曇《くも》ってゆくか、晴れてゆくかは、その人の思いにかかっていることなのですね。実践するか、しないかで、人生の内容は大きく変わっていくのだと思います。

人さまに喜ばれると嬉しいものです。これをわたしは「喜ばれる悦《よろこ》び」と言わせてもらっています。喜《き》と悦《えつ》の違いがお分かりいただけるでしょうか。

何かをしてあげると相手は喜びますね。それを見て、こちらはもっと嬉しいのです。それが悦びなのですね。

『法句経』(一一八)にはこうあります。

もしひと
よきことをなさば

これを
またまたなすべし
よきことをなすに
たのしみをもつべし
善根《よきこと》をつむは
幸《さいわ》いなればなり

このとおりだなあ、と思います。Ａさんはこの教えを知っていたかどうか、知らなくても地《じ》でいっている、という思いがします。

世間には明るい人もいるし、暗い人もいます。明るい人は、と見ると、人さまに喜ばれる仕事をかならずしていますね。そして、明日へ向かう姿勢が、こころが、はつらつとしています。暗い人は、と見ると、余計なことを、と考えている人が多いようです。

「花のおじさん」に学ぼうではありませんか。きっと、おじさんも悦ぶと思います。

2話　仰《あお》げばそこに虹がある

裏山の取っ付きに小さな仕事小屋があります。書き仕事がたまってくると、その小屋に一日中こもっていることもあります。

石塔《せきとう》や石碑《せきひ》を頼まれると、どの筆でどのように書くべきかと、揮毫台《きごうだい》に向かってからも考え込むことしばしばです。

ある日、そうして考え込んでいたとき、外から妻の声がしました。きれいな虹が立っているから、と言います。

外に出てみると、それはそれはきれいな虹で、色もあざやかで、村全体がその虹に抱かれていました。

そのあと、書はたちまち出来上がりました。虹を仰ぐと心が安らぎ、なんのてらいもなく筆が取れるのだと、そのとき思ったのでした。

それから幾日か経って大阪へ出講し、一夜明けた朝、ホテルの新聞を見て驚きました。わたしの目は短歌に釘付けになりました。

夕駅へ急げる人を呼び止めぬこの一刻の虹を仰げと
佐藤多恵子

仰げば虹があるものを、みんな急ぎ足で駅へ向かっているのです。作者はそこに現代を見たのです。「人間はなぜそんなに急がなければならないのだろう。虹を仰ぐゆとりさえなくなってしまったこの現代の人びと。これほどまでに人間を追いつめてしまってよいものだろうか」と、悲しみにも怒りにも似た思いで、作者はこの一首にそのときの気持ちを絞り込んだのです。この短歌は平成十六年度・堺市民芸術祭短歌大会の〝最優秀賞〟受賞作品でした。

わたしたちは、そのほとんどが、時代の流れに乗って生きています。ゆっくり休みたいけれどそれが許されない、疲れ疲れてハッと気がついたときには還暦《かんれき》が目の前なのです。しかし、ここで気がつかなければならないことがあります。

風が人選びをしないのと同じように、時の流れも万人に共通であるということ。そして、その時間を生かすか生かさないかは、一人ひとりにまかせられているということ。つまり、あなたの考え方次第で、生きいきとした時間は生まれてくる、そこに気がついていますかと、自然はあなたに呼びかけている、ということなのですね。

今やスポーツでも千分の一秒をあらそっているではありませんか。その千分の一秒は何十億年という時の流れの中の千分の一秒なのですね。それを考えると一分という時間は長いのです。たっぷりとした時間が目の前にあるのです。

わたしの妹ですが、双子《ふたご》ちゃんを育てているとき、時間がほしくてほしくてたまらなかったそうです。ハッと思ったのは、一日に五分、これを積み上げること。できないことはない、と決心して、毎日五分、編み物を続けて、わたしの誕生日に目の覚《さ》めるようなセーターを贈ってきてくれたのでした。「心づもり」というのがそれでしょうね。そのセーターの、なんというあたたかさであったことでしょうか

去年今年《こぞことし》貫く棒の如きもの
高浜虚子

年が暮れ、年が明ける、それは人間が決めたこと。時間はぶっ通しに流れていくのです。それは棒のようだと虚子はとらえているのですね。

こういう句を見るにつけても、今生きているこの一刻の大切さを思わないではいられません。

「時光可惜」（時光《じこう》惜しむべし）と禅語にあります。今生きているその一刻こそ大事であるよ、という教えなのです。忙しすぎると大事なことを忘れますね（二字とも心を亡くしていると書きます）。

宇宙のことに詳しい人の話によりますと、地球が生まれて四十六億年、同じ形の雲、同じ色の虹はないということです。

そう言われると空を仰ぐことが楽しくなります。すべて一期一会《いちごいちえ》なのだとしみじみ思います。

窓を開《あ》けて心の部屋に風を入れようではありませんか。

3話　ホタルの宿は川端柳《かわばたやなぎ》

心の窓を開け、新鮮な空気を吸い込むと、人は一歩外へ出たくなります。外へ出ると「山《さん》・川《せん》・草《そう》・木《もく》・鳥《ちょう》・獣《じゅう》・虫《ちゅう》・魚《ぎょ》」、みなかがやいて生きていることに気がつきます。それらはすべて感動を呼ぶものであり、それによって、人はさらに新しい一歩を踏み出すようになるのです。

今まで薄暗い部屋に閉じこもっていた自分が、なんとみじめに見えてくるものでしょうか。

わたしの住んでいる村は今こそ町の名で呼ばれていますが、昔と変わらない山や川、点在する農家を一望すると、やはり村と言うほうがふさわしい気がしますね。ホタルで有名な村なのです。「ホタルを守る村」として、今から五十年も前にテレビで何度も紹介されています。わたしは「守る村」という言い方は好きになれません。ホタルはその時期がくれば自然に生まれ自然に飛ぶものだからです。人間が農薬や除草剤を使うようになってからホタルの数は次第に減り、川を守らなければ生育しなくなっているから、あえて「守る村」と言わなければならなくなったのです。本来のあるべき相《すがた》ではありません。

それでも村の人たちは川を守り、ホタルを見に来てくれる人たちを歓迎していまず。


そのホタルですが、名古屋へ出講した折、わたしを駅まで迎えに来てくれたお坊さんから、車の中でホタルの話を聞き、感動したのでした。

「酒井先生は群馬県の新治村《にいはるむら》のお近くですか？」

「その隣りの東村《あづまむら》ですよ。新治村をご存知ですか？」

「じつはホタルのことについて話をしてくれと頼まれて、一度行ったことがあるんですよ。自分から言うのもおこがましいのですが、私、全国ホタルを守る会の会長をしておりましてね。あちらこちらへ招かれて行っております」

さらにびっくりしたのは、こういうことでした。

「〝ホタルの宿は川端柳《かわばたやなぎ》〟という歌をご存知ですか？」

「ああ、あの歌ねえ。子どものころよく唄いましたよ」

「どうしてホタルの宿が川端柳なのか、ご存知でしょうか？」

「さあ、それは……考えたこともありません」

「川が流れていると空気が動きますね。すると、そのそばにある柳の枝も揺《ゆ》れるのです。揺れる枝にはクモが巣を作りません。それでホタルは宿をとるのです」

なるほど、とは思ったけれど、どうしてホタルがそれを発見したのか、不思議でなりませんでした。聞くと、

「気が遠くなるほど長い時間をかけた上での発見でしょうね。人間より、おおかたの生物のほうが、観察力、察知力はあるようですよ」

お坊さんはにこにこしながら話し続けてくれました。

そう言えば、わたしの村のホタル生息地にも、川のほとりに柳の木がたくさんあるのを思い起こしていました。

お釈迦さまは「自然の躍動をよく見なさい」とさとされていますが、まさにそのと

おりだなあと感じ入ったことでした。
「ミノムシが高い所にぶらさがっていると、その冬は雪が多い」と言います。ミノムシの察知力もたいしたものですね。

部屋から一歩外へ出ると、このように感動させられることばかりです。人間は、生きるということについて、そこまで考えているのかどうか、あやしいものですね。

追われ追われて押し流されて生きるのではなくて、時に、足元を見つめ、天を仰いで、自分の生き方というものを考えてみることも大切かと思います。

見る処《ところ》花にあらずといふ事なし、思ふ所月にあらずといふ事なし
（松尾芭蕉《まつおばしょう》・『笈《おい》の小文《こぶみ》』）

窓を開ける、ということは、新しい自分へのスタートとも言えるのでしょうね。

4話　鈴木翠軒翁《すずきすいけんおう》と夕焼け

「一条白練」（一条《いちじょう》の白練《びゃくれん》）という禅語があります。一すじの絹糸のことで、雑念のない澄んだ心を、真っ白な絹糸にたとえてこう言いました。

「澄んだ心」ですぐ思い出すのは、書道家・鈴木翠軒翁（1889～1976）のこと。千人に一人しか出ない天才書家だ、などと言われていましたが、じつは大変な努力家だったのです。

幼名を春視《はるみ》と言っていました。暴れん坊で、しょっちゅうだれかを泣かせていたそうです。「愛知県の偉人」を伝えた一書『燃えるかがり火』（愛知県教育振興会発行）の中に、春視とその母親のことが書かれているので、その一部を紹介します。

――裏山の中腹にこしをおろして海をながめると、夕日がちょうど、伊勢《いせ》・志摩《しま》（三重県）の山のむこうにしずむところであった。雲と海が真っ赤に染《そ》まり、赤く染まった海面が波でゆれ、夕日の美しさをきわだたせていた。春視は、にげてきたことも忘

れ、この景色に見とれていた。すると、うしろで、

「きれいな夕焼けだね」

という声がした。ふり返ると、母が立っていた。

「ごめんなさい」

春視は、覚悟を決めてあやまった。母は、

「あんまり、お母さんを困らせんでね」

と言うと、春視のとなりにこしをおろした。

「お母さん、すごい夕焼けだに」

「そうだね。春視、お母さんはね、春視がいつまでもいたずらばかりしてないで、この夕焼けのように、人の心を打つようなことをするようになってほしいの……」

静かにさとす母の言葉が、心にしみてきて、春視はだまって水平線を見つめていた。夕日が静かにしずんでいく。赤く染まっていた景色が黒ずんでくると、伊良湖岬《いらこさき》と志摩《しま》半島の間にうかぶ灯台が光り始めた。その半島を見つめていると、いつの間にか、自分の心の中にも明かりがともったように思えた――

鈴木春視を、のちの天下の書家・鈴木翠軒に育てたちからを、この一場面にうかがうことができます。

さりげない母の一言であったけれど、「夕焼けのように人の心を打つ……」これこそが翠軒の生涯を支えていくのです。

上京して教師となり、書家・丹波海鶴《にわかいかく》（1864〜1931）に師事し、漢字を学ぶために三十八歳で二松学舎に入学し、五年後には国定教科書の筆者となりました。

翠軒翁には「万葉千首を淡墨で書きたい」という願いがありました。あの日の、あの夕焼けの美しさを、書に生かしたいというのが、切なる願望でした。

昭和三十四（1959）年、その一部を書くために、翠軒翁が上州・四万《しま》温泉に逗留《とうりゅう》されたのです。わたしは自分の書の師・古屋朔雲《ふるやさくうん》からその知らせを受け、朔雲の門弟四人とともに、四万温泉・積善館に翠軒翁を訪ねました。当時わたしは二十四歳でした。

真夏のこと、翠軒翁は上半身裸で私たちに五分間、話をしてくれたのです。面会時間はたったの五分間なのでした。

「――この向こうに滝がある。大磐石に跳《は》ね返る滝を三時間見つめていて、〝の〟の字の跳ねの有り様が分かったのだ。七十年間、勉強を怠らなかったから、自然がご褒《ほう》美《び》をくれたのだね。雑念のない澄んだ心の中に自然の教えは入ってくる。四万温泉に来た甲斐《かい》があった。これで万葉千首が書けるよ」

それから七年後の昭和四十一（１９６６）年、翠軒翁は「万葉千首」の揮毫《きごう》をついに完成させ、文化功労者として表彰されました。

翠軒翁の作品の一つに「禅牀夢美人」（禅牀《ぜんしょう》に美人《びじん》を夢《ゆめ》む）という淡墨の扁額《へんがく》（横に長い額）があります。「座禅をしながら美人を夢みる、とは何ごとか」と批判されましたが、翠軒翁は笑っていました。「美人とは真実ひとすじの道を歩む人のことだ。分からないということはさみしいこと」と『書人翠軒』の中で語っています。

書人翠軒は、夕焼けを母として生きた人なのです。

5話　箸《はし》よく盤水《ばんすい》を廻《まわ》す

大事にしている言葉なのだけれど、遺憾《いかん》ながら出典を知りません。むかし、テレビでこのことについて話し、だれの言葉なのか知っていたら教えてほしいと呼びかけましたが、ずばり教えてくれた人はいませんでした。しかし、いい言葉はいい言葉なので、わたしはときどき口ずさみ、自分にムチを当てているのです。

箸よく盤水を廻す

大きな器に水を張る。
これが盤水である。
次にその中央に橋を一本立てる。
箸の上のほうを持って、
水中に小さな円を描く、

ただそれを続けるだけでよいのである。
水は箸の周囲を回り始め、
水が水を呼び、
次第に輪が大きくなり、
やがて盤水全体が、
同じ速度で回ってしまう。
この道を、
と思ったらこつこつ歩めばよい。
周囲から批判されても、
気にしないで一途に歩むことだ。
そのうち人が寄ってきて、
手伝いましょうと言う。
その輪は大きく広がって、
でっかい仕事をしてしまう。

詩でもなんでもありません。わたしがふだんつぶやいていることを、そのまま書きとめたまでです。どんぶりに水を張って、真ん中に箸を立ててやってみると、なるほど、小さい円を描いているだけなのに、周りの水が一緒に回り出すではありませんか。「点滴石《てんてきいし》を穿《うが》つ」、一滴一滴の水が石に穴を開けてしまう、という教えも、同じことを言っているのだと納得したことです。たゆまぬ努力というものは素晴らしい結果を出すものですね。

法事が終わったあとの浄《きよ》めの席で、ある女性の方からお酒をついでもらいました。

「むかし、小学校一年から六年まで、先生に習字を教えてもらいました」

伊藤さんとおっしゃるこの方の話を聞いて、わたしは涙をこらえるのが精一杯でした。子どもたちが字を書くことに飽《あ》きないようにと、最後の十五分間は「一字書き」といって、課題の一字を好きなように書かせ、その間わたしは隣りの部屋で一休みしていました。「風」という課題が出ると、子どもたちは好きなように風を創作します。半紙は表でも裏でもよし、墨《すみ》は濃くても薄くてもよし、筆は何本使ってもよし、とにかく風らしい風を創作すること。出来上がったら名まえは書かないで全員が床に並べる。上級生の当番が「おねがいします」とわたしを呼びに来る。短時間でわたしが審査をし、三点を残して金・銀・銅の三賞を決めて賞品を与える、という寸法で、子どもたちはこれが楽しみで教室に通って来るようなものでした。伊藤さんは六年間、一度も三賞に入ったことはありませんでしたが、六年生の今日が最後というその日、なんと金賞に輝いたのでした。家へ持って帰ると母親が「あんたはお母さんに似て素質があるのよ。これからも習字を続けなさいよ」と励ましてくれたそうです。伊藤さんは中学・高校と猛勉強をして東京の大学に進み、国語と書道の教科を履修《りしゅう》して、とうとう書道の先生になってしまわれました。

「今、群馬県のある高等学校で書道を教えさせてもらっています」

と、彼女は涙をこらえながら、たった一度の入賞で自分の道が決まったのだと、語ってくれました。中学・高校・大学と、よく根気良く続けられたと思います。わたしは数日後「箸よく盤水を廻す」と色紙に書き解説も添えて伊藤さんに贈りました。ちょっとしたことがきっかけで人生が開けてくる、こういうことってあるものですね。

6話　知らざれば鞭《むち》を置くべし

「知らざれば鞭を置くべし」。これはわたしの言葉です。

私たちはよく当人のいないところで陰口《かげぐち》をききますね。陰口とは悪口のこと。当人の前では言わないのですが、その人がいないとすぐ批判をします。悪口を言わない日は安眠できない、という人がいるくらいです（笑）。

人間関係をぎこちなくしてしまうその元は、陰口が多いようですね。相手の表面だけを見て、しかも想像まで加えて陰口をきいてしまう。これがたちまち相手の耳にとどいて相手を傷つける。相手もそれに輪をかけて言い返す。学校でも職場でもこればかりが多くて困りますね。人間関係を乱す大本なのです。

批判できるほどその人のことを知っているかというと、そうでもないのです。深いところを知らずして相手を斬《き》りまくる、これは仏教の世界では大きな罪悪としているので、気をつけたいところです。

わたしは大学を終えてから三つの寺で修行をさせてもらいました。どこの寺でも一番苦しんだのが座禅です。足が痛くてね。

高校二年のとき、走り高跳びをやりそこなって、右足の甲の骨を折りました。保健室に担がれて行ったら、そこに柔道五段の体育の先生がいて、「おれの友だちに、柔道の大会で右腕が折れたのにやらせてくれと言って、決勝戦で勝って優勝したやつがいた。甲の骨を折ったくらいでメソメソするな！」と、叱《しか》りつけるように言うんですね。そのとき「ちきしょう！」と思ったですよ。それでわたしは病院に行かないでね、自分で治しました。右足の甲の骨が折れて山になっている。左足を乗せてぎしぎしと平らにして、板の上に足を置いて、古い座布団《ざぶとん》をびりびり割《さ》いてしばりました。竹やぶへ這《は》うようにして行って、竹を切って松葉杖《まつばづえ》を作って、それで学校へ通ったんですよ。途中、渡し船で川を渡るのですが、船の乗り場では苦労をしましたね。

自分で治したものだから、骨が少し山になっています。正座も座禅も悲鳴をあげたいほどの痛さですよ。座禅ではわたしがしょっちゅう打たれます。足が痛くて動くからです。警策《きょうさく》で肩を打たれると全身が痛みました。

あるとき、わたしは思いました。

「慈悲《じひ》の心とは相手を深く思いやり、やさしい言葉や力を与えていくこと……どこのお坊さんもそうおっしゃる。だったら、わたしがモジモジ動くとき、この人には何かあるのかなあと、そのくらいのこと、思ってくれてもいいじゃないか」と。

そこで考えたのが「知らざれば鞭を置くべし」という、素晴らしい言葉なんです(笑)。自分でも感動しましたよ。

そして、それを紙に書いてね、座禅のときうしろに置いておきました。

あるお坊さんから、「あれはなんだ?」と言われて、足のことを話したら、「これからは、痛さに耐えられないとき、合掌低頭《ていず》(頭を下げる)して、足を崩して休んでよろしい」と言われました。安心してしょっちゅう崩していましたよ(笑)。

だから、表面だけ見て人は責められないということですね。寺にお客さんが来て正座をすると、わたしはすぐに言います。「どうぞ、足を崩して楽にしてください」と。人の痛さがよく分かっているからです。学ぶことの好きな人は、昨日と違う自分がそこにある。日々成長なんですね。学ぶことの嫌いな人はいつまでも同じ。陰口をきく人には学ぼうとしない人が多いですね。

光る海　　坂村真民

責めるな
責めるな
決して責めるな
責める心が起きたら
海を見にゆこう
すべてを受け容れ
光り輝く海を

人は、雰囲気に乗りやすいようです。その場の雰囲気で、ついつい人を責めてしまうこともあるでしょう。そんなときはぜひ、「知らざれば鞭を置くべし」を思い出してください。

7話　清風《せいふう》に心を開く

野の風を浴びる、ということをわたしは大切にしています。

中国の古い禅語の中に、

青山元不動（青山《せいざん》、もと、不動《ふどう》）
白雲自去来（白雲《はくうん》、自《おのず》か ら、去来《きょらい》す）

とあります。青い山々は初めから動いていない。ただ白い雲が自然まかせに行ったり来たりしているだけだ、という意味なのです。大自然の運行と一体となって生きてゆきたいものだという、人間の願望を二句の対句として言い表わしたものです。

二句目の「白雲自ら去来す」の「自ら」は省いたほうが日本的ですね。生意気なことを言わせてもらうと、「自ら」は説明なのですね。日本人の感覚から言うと、この一文字はまったく必要がありません。「白雲去来」で十分なのです。

それはともかく、青山と白雲、これは美の象徴であり、あこがれでもあり、魂《たましい》のよりどころでもありますね。山と雲を除いたら、生きがいさえもなくなってしまうほど、わたしなど惚《ほ》れ込んでしまっています。そして、現代を生きる日本人には、もっと、もっと、山や雲と共に生きてほしいと、願ってもいます。

仏教の出発点は無常観であり、その無常観は大自然からの贈りものです。自然の呼吸と、人間の呼吸とを一枚（一体）のものにしなければ、やがて人類は滅びる、と言ってもよいほど、今、間違った方向へ進んでいるのはないかと思われます。自然をどんどん破壊しているからですね。動物たちも山ではもう生きられなくなってきています。

お釈迦さまは、自然を見て感動することがもっとも大切なことだと諭《さと》されています。

天地を見て非常と想い
山や川を見て非常と想い

万物の盛んな躍動を見て非常と想い
そのことによって執着する心をもたなければ
早いうちに悟りの境地を得るであろう

（『四十二章経』）

非常とは「常《つね》に非《あら》ず」、つまり「いつもと違う」ということですね。生きいきとしている山河を見て「驚きなさい」と教えられているのです。

何かにつけて忙しい現代人には、野に出て清風を浴びる、などということは、考えられないことかもしれません。しかし心ある人はきちんと計画を立て、現実の生活を壊《こわ》さないようにして野の風を浴びに出かけています。心づもりさえあればいくらでもできることなのです。これを「閑事《かんじ》を離《はな》れる」と言っています。世間の煩わしいことを脱ぎ捨てて、という意味です。

青山白雲に親しんで歩くと、自分の小ささが分かります。せまい心、汚《よご》れている心、曲がっている心、不親切な自分、意地っ張りの自分、それらがみんな見えてきて、恥じ入ってしまうばかり。でも、そこから新しい自分が誕生してくるのですから、いかに自然は偉大であるかと畏《おそ》れ入《い》ってしまいます。

詩人たちはその感動を言葉によって伝えてくれています。

白雲は空に浮べり谷川の石みな石のおのづからなる　佐佐木信綱《ささきのぶつな》

命ひとつ露にまみれて野をぞゆく涯《はて》なきものを追ふごとくにも　太田水穂《おおたみずほ》

冬空の澄み極まりし青きより現はれいでて雪の散り来る　窪田空穂《くぼたうつぼ》

心の窓を一つ開くと、これらの歌が風に乗ってやって来てくれます。その風に向かって一歩を踏み出そうではありませんか。野の風を浴びると「明日への自分」が見えてきます。

「あるけば見えてくる」、わたしがよく色紙に書く自分のことばです。

8話　見取らなければ身につかない

「かやぶき屋根の本堂が消えてゆく」、これは淋《さび》しいことです。わたしの寺なのです。住職はわたしの代で十七代。寺の後継ぎをしてから二度、かやぶき屋根をふき替えてきましたが、とうとう〝お別れ〟の時がやってきました。〝かや場〟や〝職人さん〟が減ってきたので、仕方のないことなのです。

雪解けて葺《ふ》きたての茅《かや》匂ひけり　　大岳

こんな俳句を作ったこともありました（平成元年・１９８９）。すでに三十年が経過しています。よく保ってくれたと思いますね。屋根をふいてくれたのは、日本できっての〝かやぶき職人〟・品田富吉《しなだとみきち》さん。この方から、わたしは多くを学びました。

父親から「キュウリをもいで食ってはいかん！」と叱《しか》られた翌日からは「もがない

で食った」いうからすごいです（笑）。

「わしは、裏も表もない人間じゃ」と言うので聞いてみると、「品田富吉という四文字は裏から見ても同じだ」というわけです。「なるほど」と思いましたね。

品田さんは酒席でも歌いません。

「わしは尋常小学校一年生のとき、音楽の時間に『富吉、おまえは口だけ開《あ》けていろ、声は出すな！』と言われた。以来、教えをかたく守っている」と言うのですね（笑）。一つ、一つ、言われることが〝品田哲学〟なんですよ。こういう職人さんは、今はいなくなりました。亡くなられて十数年経《た》っています。

この品田さんから、大きなことを学ばせてもらいました。

「仕事は教えられたら身につかない。すべてが見取りなのだ」

ということです。

親方が教えてくれなかった。だから、仕事を覚えるためには、盗み取りをしなければならなかった、ということです。〝見取り〟とは、忘れられないすばらしい言葉です。写真も見撮りです。被写体は「今がチャンス！」とは言ってくれません。何をどう撮《と》るかはこちら側にまかせられています。

わたしは一時〝木の葉〟ばかりを撮りました。それは、ある本から「木の葉のふしぎ」を学んだからです。山の木々たちは風の力を借りて、おたがいに木の葉を交換し合っている、ということでした。自分が落とした葉を養分としたのでは生成しないからだそうです。ただし、椿《つばき》の種類だけは自分の葉で元気をつける、そのために葉が重くできていて自分の根元に落とすのだそうです。

しかし、木の葉はなかなかうまく撮れません。ただきれいに撮ったのでは、木の葉の思いも、撮る人の思いも伝わってきません。そこで、少し勉強しようと思って、東京・三田の〝EOS学園〟に半年通いました。週に一度でしたが、百人の学生の中で群馬の山の中から休まずに通ったのはわたし一人でした。

一時間以内に何かを撮る、という実習のとき、近くのお寺の境内《けいだい》に飛び込んで、石仏の肩に乗っていた木の葉を、新しいフィルムで一本撮りました。それを提出して翌週行ったとき、大きなスクリーンに秀作が映し出され、なんと、わたしの撮った木の葉が、秀作中の秀作で、プロのカメラマンから大変なほめ言葉をいただきました。

木の葉の裏側の光をどうとらえるかで苦しんだのですが、審査評では「木の葉に声がある」とのこと。それをねらったわけではありませんが、選ばれたので「そうだ、そうだ」としきりにうなずいていました（笑）。

品田さんの〝見取り〟とは意味が違いますが、こちら側に「自分のものにしよう」という願いがあると、対象物も応《こた》えてくれる、という世界があるように思われますね。「求めると得られる」「願えばかなえられる」。仏教で「呼応《こおう》」というのはそれです。呼ぶ人に応えがあるのです。

性格の暗い人は、明るいものをどんどん求めていくといいですね。これでもか、これでもかと、明るいものが待っていてくれます。

萱《かや》刈れば雲まばたいて通りけり　大岳

金子兜太《かねことうた》先生が「このおおらかな自然との付き合い」と評してくれた一句です。呼びかけると雲も応えてくれるものです。

9話　大工さんと植木屋さん

わたしの寺に時々出入りをしている大工さんがいます。要《かなめ》さんと言います。父親が「恵喜《けいき》」さん、母親が「よし」さん、合わせて「けいき・よし」。仲を取り持つ扇《おうぎ》の要、が大工さんです。ある日、要さんは、土手に生えている一本の大きな〝竹煮草《たけにぐさ》〟の前にたたずみました。竹煮草、山野に自生するケシ科の大形多年草で、二メートルぐらいに伸びる、あの竹煮草です。

要さんはつぶやきました。「この草の中には音がある」と。手製の尺八《しゃくはち》を吹いて民《みん》謡《よう》を楽しむ要さんが、今度は竹煮草の中から「音色《ねいろ》」を感じ取ったのです。

草を切ってきて日陰で寝かせ、完全に乾燥したところで見事、尺八を作ることに成功しました。世界に一つしかない竹煮草の尺八。この音色の美しさといったらありません。奈良で、金子みすゞファンの集《つど》いがあったとき、要さんも参加して、大きな旅館の踊り場でその尺八を吹いて聴かせ、みんなをしびらかしました。

この草には音がある、これを見抜くまでの道のりを考えてみてください。竹の尺八を作るのにどれほど苦労を重ねてきたことか、その過程あっての竹煮草なのです。聞く心、見る心、生活する心、明日への思い、友人のこと、社会のこと、それらをおろそかにしない姿勢がなければ、一本の草に立ち止まることもないわけです。長生きのできる時代が来たといって喜んでいるわけにはいきません。問題は生きる内容、生きる姿勢です。「励みの少ない人の百年は励みに奮い立つ人の、一日にもおよばない」と『法句経《ほっくきょう》』にもあります。

人もし生くること
百年ならんとも
おこたりふけり
はげみ少なければ
かたき精進《はげみ》に
ふるいたつものの
一日生くるにも

およばざるなり（『法句経』一一二）

境内の百合に佇《たたず》む大工かな　大岳

要さんは時々何かにたたずむ人なのです。


もう一人の植木屋さん、昨年の夏、前の道を通りかかって寺に立ち寄ったという、ただそれだけの触れ合いなのですが、その方はこうおっしゃいました。

「お寺さんの庭にピンク色の花を咲かせた庭木があるのを目にしました。もしかしてヤシオツツジではないかと思ったものですから……」

「そうですよ。よく分かりましたね」

「多分、種《たね》がこぼれていると思うんですが、ほんの少しでいいのですが、拾わせていただいてもよろしいでしょうか？」

「種がこぼれるんですか。それは知りませんでした。どうなさいますか？」

「蒔《ま》いて、育てて、山に植えたいと思います。私は間もなく還暦《かんれき》を迎えますが、恥《は》ずかしい話ですけど、仕事上の失敗が続いたり、家族の不幸が続いたりして、多くの人に力をいただいて生きてきました。今は植木の仕事をして少し落ち着いていますが、これまで私を支えてくれた世間の人びとに、何かご恩返しをしたいと思いまして、考えた末、山に花の咲く木を植えてみなさんに遠くからでも見ていただきたいと思いまして……」

「ヤシオツツジは殖《ふ》やせるんですね？」

「はい。苗木《なえき》にするまで十年はかかりますけど、なんとかやり遂《と》げたいと思っているのです」

植木屋さんは、目に見えないような小さな黒い種を拾って帰ってゆかれました。わたしは心を打たれました。きれいな花の咲く木を山から取ってきて売る人、苗木を育てて山に植えたいという人、人間はさまざまだな、と思ったのです。

自分の殻《から》に閉じこもって、毎日を無為《むい》に過ごしている人がいるとすれば、このお二人の生き方を知っていただきたいと思って、ここに紹介させていただきました。

10話　雲のこえ、雲のことば

わたしは雲を見ることが好きです。

若い時分《じぶん》から雲を仰ぎ、雲を見送り、雲に勇気をもらい、雲に助けられてきました。雲無き人生など考えられません。

数年前、東京で高校時代のクラス会が開かれたとき、Tくんが言ったのです。

「酒井くんは雲が好きだったなあ。書道の時間でも〝雲〟ばっかり書いていた。〝対《たい》雲思友《うんしゆう》〟を覚えているよ」

「対雲思友」(雲に対《むか》って友を思う)、教科書にあったものを書きなぐったものですが、Tくんこそよく覚えていてくれたものと思いました。

朝日俳壇に投句を続けて五十年、どのくらい雲の句を投じてきたか分かりません。なにせ、六百人に一人の入選率ですから、狭き門どころの話ではないのです。入選句の中から雲の句を拾ってみました。余計なことですが、〝雲のこえ〟も添えておきました。

芹《せり》摘んで真白《ましろ》き雲をつれ帰る　—安住　敦選　昭和61・2・16
（色をうまく組み合わせたね。つかまえられてうれしいよ）

垂れこめし雲より生《あ》れて冬の涛《なみ》　—川崎展宏選　平成9・11・16
（どこからでも立ち上がれるのさ）

帰省子《きせいし》につぎつぎと雲現はるる　—金子兜太選　平成16・8・2
（息子が来たって？　どれどれ）

若菜摘みむかしの雲と会ひにけり　—金子兜太選　平成24・5・6
（お久しぶり、一杯やろうか）

萱《かや》刈りし夜の盃に雲浮かぶ　—金子兜太選　平成24・11・19
（そう思っていたよ、感激だな）

萱刈れば雲まばたいて通りけり　―金子兜太選　平成26・9・15
（よく働くねえ、元気そのものか）

昨日見し雲の来てゐる花野かな　―大串　章選　平成26・10・6
（また会いに来たよ、通じるねえ）

雲の中より松茸《まつたけ》を呉れに来し　―長谷川　櫂選　平成28・10・17
（本人は名乗らないんだって？　知ってるよ、あそこのあの人だよ）

芋殻《おがら》焚く姉妹を雲が見て通る　―大串　章選　平成29・9・10
（お母さんがそばに来ているよ。元気で頑張れよ）

雲を俳句に取り込むことは、そう簡単なことではありません。

自分が雲になり、雲が自分になり、しばしの対話のあと、両者が一枚（一体）にならないと俳句は生まれてこないのです。雲に限らず、すべてのものが、思いを寄せる者に光を発し、ことばを投げかけてくるのですね。

「ものとの対話」とよく言われますが、その対話がなかったらすべての芸術・文学は生まれてこなかっただろうと思います。

大学で、明日から夏休みというその前日、たった一人で「禅学特講」の授業を受けたことがありました。そのとき、山田霊林《れいりん》教授から「観達《かんたつ》」ということを学びました。対象物に思いを寄せて、寄せて、寄せ切って、一枚になりきったときに、そのもののこえが聞こえてくる、というお話でした。

「雲のこえ」はそれなのです。

一歩外へ飛び出して野の光を浴び、雲を仰ぎ、雲と語らいながら、新しい自分と手を取り合いたいものです。

第5章

思ったとおりに生きられる

1話　鶴見川のほとりで

タクシーの窓から〝鶴見川〟（東京都および神奈川県を流れる川）という文字が見えたので、車を止めてもらい、降りてあたりを見回しました。六十年ぶりに見る鶴見川です。ただし、昔のような両岸の葦原《あしはら》はなく、細い橋もなく、建物ばかりで息苦しさを感じ、五分ほど眺《なが》めてタクシーに戻りました。

昭和三十五（１９６０）年三月、故郷へ帰る前夜、わたしは高校を卒業したばかりの一人の少年と、この鶴見川の細い橋の上に立って、別れを惜《お》しんで夜更《よふ》けまで話していました。

習字教室に通っていた教え子で、沖縄生まれの四年生、目がぱっちりと大きくてね、可愛《かわい》い顔をしていたんですが、人一倍の暴れん坊でした。家は、わたしが下宿をしていた叔父の家のすぐそば。からだの弱い母親と、二歳下の妹と、三人暮らしでしたね。父親は行方不明で、母親が家の入口で半坪ほどの小間物店を開いていましたが、病気になって閉店。小学生の彼が一人で、牛乳配達をしたり、家具店の手伝いをしたりして、やっと生活を支えていましたね。

わたしは最初、習字教室を無料で開いていたんですが、父兄からの声でね、二百円を納めてもらうことになったんです。彼は、お金がないから退《や》めると言ってきました。わたしは彼を離したくなくてね、考えた末、薄い画用紙を百円札の大きさに何十枚も切って、彼に渡しながら言ったんです。

「習字を退めないでくれよ。月謝袋にはね、この紙を二枚入れて、みんなと一緒に差し出すんだ。平気な顔で堂々とやるんだよ」

このとき、彼は声を出して泣きました。以後、わたしから離れなくなったんです。彼はわたしの持っていた本を全部読んでしまって、貸本屋通いもしていましたね。日本文学、外国文学、みんな読んでいました。

わたしはいつの間にか彼を育てるのは自分だ、と思うようになって、物売りをしながら、彼の下着や上着を買ってやり、食堂、映画、海水浴、山登り、などの費用も用意してあげました。

彼は彼でアルバイトを精一杯して、家族を養いながら、鶴見工業高校を首席で卒業しました。

鶴見川にかかった細い橋の上で、彼は突然こう言ったのです。

「先生！　先生は一生、運動靴をはき続けるお坊さんであってください！」

そのときの涙声をわたしは忘れることができません。

わたしは今日まで運動靴を六十数年はき通しています。何百足も買い替えているんです。どの運動靴にも、あのときの、彼の涙声が宿っています。

運動靴はわたしの思想なんです。わたしの人生なんです。「理屈ではない、実践《じっせん》なのだ」という、お釈迦《しゃか》さまの教え、そしてこれは、禅の世界の柱でもあるんです。そのとき彼は十八歳でしたが、そういう深いところまで考えられる少年でした。明日の朝の食事をではなくて、今夜の食事をどうするか、そこで苦しんだ人には、知恵もあり、力もあるものなんですねえ。

作家の遠藤周作《えんどうしゅうさく》先生（1923〜1996）に、彼はファンレターを出したことがあります。「五分でいいから会ってください」とね。ところが返事が来ない。二度目も返事が来ない。三度目に、彼はなんと書いたと思います？

「一人の少年が心を込めて書いた手紙に、あなたは返事も書けない作家なのか、いったい会う気か、会わない気か、返事ぐらいせい！」とね（笑）。

これを速達便で出したら、遠藤周作先生、度肝《どぎも》を抜かれて、「何月何日、午後三時より五分間面談を許可す、参れ！」、速達はがきが来た（笑）。

決められた時間に彼は行って、五分間話して帰ろうとしたら、周作先生、「きみは面白い。きみは話せる。頼むから、あと十分いてくれないか」ときた。彼は胸のポケットからスッと手帳を出して、「ぼくも忙しいのでねえ」と言った。周作先生が「それだ、それだ。きみの面白いところはそこにある。その手帳には何も書いてねえだろ！」って（笑）。けっきょく彼は引き止められて三十分もいたそうですよ。

彼の〝まつ毛〟の上には、左右合わせてマッチ棒が十六本も乗ります。その彼も今七十五歳。元気でいます。鶴見川の思い出でした。

2話　榎本健一《エノケン》さんの教え

書が好きで習うのはいいとしても、書の本当の良さが分からないのでは、書を教える資格はないと言ってもいいでしょう。

十八歳から二十四歳までの七年間、わたしは横浜市鶴見区のある幼稚園を借りて、子どもたちに習字を教えていました。二年目に川崎教場、保土ヶ谷教場も開設し、週に三教場を巡《めぐ》っていました。

ある日、良寛《りょうかん》さま（1758～1831）の有名な書「天上大風《てんじょうたいふう》」を書道雑誌で見ているうち、その良さが分からなくなってしまったのです。

こんなことでは書を教える資格はないと思い、たまたま日本書道院の会員になっていたことから、その関係の、名のある先生方を訪ね、雑誌を広げては「天上大風」の良さを質問して回りました。ほとんどの先生が、わたしにはむずかしい解説をされるので、しんから納得するわけにはいかなかったのです。

そんなある日、ある先生がこう言われました。

「前の道を少し下って行くと、大きな門のある家がある。そこのご主人に聞いてごらんなさい。きっと納得ができると思うよ」

言われたとおり坂道を下っていくと、なんと、門には「榎本健一」とあったではありませんか。あの時代もの映画で有名なエノケンさんの家だったのです。胸をおどらせて門をくぐって行きました。

エノケンさんが庭の芝生《しばふ》に立っておられ、お伺いをした理由を述べると、それには答えず、

「せがれが亡くなって一週間経ったところだよ。そろそろせがれの星が出るころかと思ってね、空を見ていたんだ。ま、お掛けなさい」

ガラス戸を開けてくれ、二人とも縁側に座ったのです。

「良寛さんか。わしは書のことは分からんがね、今分らんでもいいのじゃないかね。あれこれ勉強していくうちに一つずつ分かってくるのが人生だと思うよ。わしもね、自分が出演している映画を観るんだが、なぜあんな芸しかできないのかと、腹立たしく思うことがある。それで、この次こそ、この次こそと思うんだが、それがまただめ

でね、いつになってもこれでよしという時がないのさ。書だって同じことじゃないのかね。わしには書のことは分からんが、やっているうちにだんだん分かってくる、そういうものじゃないのかね。あんたはその若さで良寛さんの書が分からないと言うが、今から分かったらおかしいのじゃないのかね。だから、今は、一生懸命勉強すればいい。十年、二十年経つうちにね、一つずつ、一つずつ、分かってくる。どんな道でも同じだと思うよ。努力に努力を重ねていくと、あるとき〝これか！〟と思うことがある。あんたにもきっとあると思うよ。ま、あせらないで勉強しなさい。そのうちきっと分かるときが来るから」

あの喜劇役者で有名なエノケンさんが、こんなにも心を込めて話してくれるなんて、わたしはありがたくて胸がいっぱいになりました。

鶴見に帰る電車の中で、わたしはあるお坊さんの説教を思い出していました。

「そのうち、そのうち、といううちはどこにあるのか。人間は今やらないと、やる時はないのじゃ！」

たしかにそうだとは思うけれど、しかし、わたしは思ったのです。

エノケンさんの「そのうちきっと分かるときが来るから」と言われた、あの言葉のほうに、ありがたさを感じ、勉強への意欲がわいてくるのでした。

十年、二十年経つうちに、少しずつ分かってきたことがあります。良寛さまが〝凧《たこ》〟の背に書いたというあの「天上大風」には、なんの「てらい」もないのではないか、ということです。

いつ見ても、どう見ても、「これ見よがし」というところがない。あてつけがましく見せようとするところがない。それをはるかに抜け出たところの「屈託《くったく》のなさ」「あそびごころのような軽さ」、それではないかと思うようになりました。

そこまでの勉強、努力の過程は、想像もできないものがあろうと思います。努力なしに「そのうち分かる」ということはあり得ないのだ。それをエノケンさんは「あせらないで勉強すること」と、やさしく教えてくれたのです。

あの「やさしさ」に、わたしは支えられて生きてきたように思いますね。

3話　遥《はる》かへのまなざし

仏教の話をすることはむずかしい、と、つくづく思いますね。みなさんのように、首を振って、よく聞いてくれる人ばかりではいませんのでね。あれ、ちょっと持ち上げてしまいましたかね。ごめんなさい（笑）。いちいち首を振ってうなずく人もいますが、そういう人はあまりよく分かっていない人だそうですね（笑）。

仏教にはむずかしい言葉がたくさんあります。でも、そのむずかしい言葉を、むずかしいままに話したのでは、みんな眠ってしまいますよね。

わたしがよく口ずさんでいる言葉があります。

むずかしいことを
むずかしく語るのは
かんたんだけれど
むずかしいことを

やさしく語るのは
むずかしい

分かりますか？　早口言葉みたいだね。これ、自分の言葉なんですよ。わたしはこうして話をしたあと、電車に乗って帰りますけど、いつも、今日の話の出来はどうだったかと、振り返って反省しているんです。合格点をあげたことはこれまで一度もありません。話そうと思っていたことを飛ばしてしまったり、つい余計なことを話してしまったり、いつも「だめだなあ」と思うばかりですね。

むかし若いころ、都会で習字教室を開いて、多くの子どもたちに字を習わせていました。終わったあと、かならず話をするんですね。怖《こわ》い話、面白い話、いつもちがった話をします。それが楽しみで子どもたちは習字教室に集まってくるんですよ。すると月謝も自然に多くなりますね（笑）。何ごとも自然が大事です。

毎週ちがった話をする、これが大変なんですよ。あるとき、考えました。「自分は将来坊さんになる。すると多くの人に話をしなければならない。よし、今から練習をしておこう」こう思って名案にこぎつけた。画用紙をトランプ大に切って、一枚に一字、漢字を書きました。昭和三十（1955）年ごろ、当用漢字が一八五一字ありました。大きな箱にいっぱいです。それを一つかみ取って、トランプを切るときのように手の平で切って、一枚抜いて「母」と出たら「母の話」を十分間する。「えー、母といえば思い出がありまして」、これを一人で練習するんですからバカらしいね（笑）。

習字のあと、箱の中から子どもたちの手で一枚取らせてね、その字からの思い出話をした。今の子どもたちはどんなことに興味を持っているのかと、それに結び付けて話すのですから大変な仕事でしたよ。

夜、布団《ふとん》の中で反省します。「なぜ、あんなことしか話せなかったのか」と。しかし、これはいい経験になりましたね。それがなかったら今もないわけなんです。あちら、こちら、講演に伺うようになって、半世紀以上が経ちました。まだまだ反省の連続です。よく話せた、ということはいっぺんもありません。

わたしは時々、奈良・興福寺にある「富楼那《ふるな》」像のことを思います。お釈迦さまの教えを伝えるために、六〇か国の言葉を覚え、伝道に歩かれました。「説法第一」と言われたお釈迦さまのお弟子さんです。

みなさん、今日家に帰って、わたしの話を家族にそっくり伝えられますか？　あやしいですね（笑）。

興福寺の富楼那像は「遥か遠方」を見ています。説法する人の決意と反省が見られますね。あばら骨にもその意志が現われています。人間は一人で遥かを見ることが大切です。

みなさん、苦しいこと、悲しいことがあったら、丘に登って一人遥かを見てくださいね。

禅では「遠山無限《えんざんむげん》」といってね、遥かを見ることの大切さを伝えているんですよ。遥かを見ていると、「よし、頑張ろう！」という気持ちが湧《わ》いてきますね。

わたしは『新相馬節』という民謡が好きですね、よく謡《うた》っています。「はるか彼方は相馬の空かョ―」ってやつ（拍手）。なに、もっと歌えと言うんですか？　無理ですよ。ここには水があるだけですもの（笑）。

4話　りんりんと生きる

人間、若いときはあれこれ迷うことが大事と思いますね。自分の中にどんな種子がひそんでいて、いつ芽生《めば》えるのか、分かってくるまでは時間がかかりますもの。迷ったり、失敗したり、挫折《ざせつ》したり、奮起《ふんき》したり、そういうことが何べんもあって、やっとこさっとこ、自分の進むべき道が見えてくるものだと思いますよ。

だから、何かあっても、自分を投げ出さないことです。

わたし自身がそうでしたから。汗も涙も流してきたけれど、八十三歳になって過去を振り返ってみると、けっきょく苦手なことは捨てて、自分に都合のいい道を選んで、「まあ、こんなところだろう」と思って満足しているのですよ。

ただ、「余生《よせい》」という言葉は使いたくありませんね。人生に余りがあるなんてとんでもない話だと思います。これから先が楽しみなのです。これまで学んできたこと、体験してきたことを生かして生きるのは明日から先のことだと考えています。もちろん、突然、悲風《ひふう》がやって来て倒れたりしたら「はい、さようなら」と言える覚悟はできています。「今元気だからそんなことが言えるのだ」と言う人もいますがね。

じつは、この間、病気で入院したのですよ。帯状疱疹《たいじょうほうしん》にかかりましてね、あまりにひどいものだから病院に行って診てもらったら、MRI（磁気共鳴画像）で発見されたのが、なんと〝腹部大動脈瘤《ふくぶだいどうみゃくりゅう》〟。それも七センチ余りもあって、今にも危ないとのこと。これは五センチ以上になると、いつ破裂《はれつ》するか分からないのだそうですね。破裂したら数分間でおしまい。

でもわたしは、それほど驚きもしなかったんですよ。元気そのものだったし、スケジュールが一杯でしたからすぐ入院手術というわけにはいかない。それで少し待ってもらって、入院の日と退院の日を自分で決めましてね、講演と講演の間の二週間、そこでお世話になりました。

入院前の葬儀《そうぎ》も務めましたし、退院直後の東京講演のときはまだ糸も取れていませんでしたね。手術室の手前まで運ばれていったとき、廊下の窓から紫陽花《あじさい》の花が見えたので、「きれいだねえ」と言って感動していましたよ。手術台に寝かされたとき、一人のお医者さんから大きな声で「何か、気がかりなことはありますか？」と聞かれたので、こっちも負けずに大きな声で「何もありません。すべておまかせでーす」と言いました。動悸《どうき》一つしませんでしたね。

四時間余り、という大手術が二時間で終わりました。あとはけろりかんです。付き添った家族のほうが青ざめていましたよ。勉強ができて楽しい入院生活でした。

「元気になったからそんなことが言える」なんて人は言いますけど、そんなこともないね。入院中は、したいことが山ほどあり過ぎて、頭の中で仕事をどんどん片付けていましたよ。

それにしても帯状疱疹になって良かったと思っています。それが前触れだったわけですから。しかし、診断を受けて「もう終わりだ！」なんて思ったら本当に終わりだったかもしれません。

だから余生ではないんです。人生はこれからだと、明日へ燃えて生きているんです。これを「りんりんと生きる」と言っています。前方を見て、しゃんとして、はつらつと、かがやいて生きることです。

歌人・吉野秀雄《よしのひでお》（1902〜1967）は、「歌はりんりんと詠《よ》まなければならぬ」と言っています。

吉野秀雄といえば、逸話《いつわ》がありますね。会津八一《あいづやいち》（1881〜1956）に書を習っていたときの話。

あるとき、清書を師のところへ持ってゆくと、師は作品をしばらく見つめたあと、無言のまま傍《かたわ》らの薬缶《やかん》を手に取ると、作品一字一字にじゃぶじゃぶと熱湯をかけ、四つに折り八つに折って、その上に薬缶を乗せてしまったとのこと。秀雄はそのときから書を習う姿勢を正したということです。八一のやり方もすごいけれど、それを見て、「自分の書には魂《たましい》がないのだ」とさとった秀雄も負けず劣らずですね。八一の「親切」は「辛切」だったのです。秀雄を見込んでいたからでしょう。

会津八一は、好んで「山河慟哭《どうこく》」「山河微笑《みしょう》」を書にしていました。栃木県鹿沼市の常真寺さんの本堂には、わたしの書いたその二句の扁額《へんがく》（横に長い額）が飾られています。

天地とともに、りんりんと生きる。これをわたしは「山河凜凜《りんりん》」と言っています。

5話　森の中の水を飲む

人はだれでも、苦しいとき助けを求めます。他人の世話にならない、などと我《が》を張らないで、堂々と世話になっていいと思います。人は力を尽くし合い、助け合って生きていくのが本当です。

暑くて、のどが渇《かわ》いて、どうしようもないとき、「はい、冷《つめ》たい水ですよ」と差しだされたら、「毒かもしれない」などと疑わないこと、ありがたく頂戴するのです。いい人にはいい人が水をくれるのですから。これを「信ずる」と言っています。

仏典（宝雨経）に、水のことでいい話が載《の》っていますのでご紹介します。

――夏の日がじりじりと照りつける野原の一本道を、西の方から旅人が歩いて来ました。旅人はのどが乾ききって、どこかに水はないかと探しています。すると東の方から別の旅人が歩いて来ました。西から来た旅人はたずねました。

「どこかに水はありませんか？」

「ありますよ。この道を東の方に行ってごらんなさい。林に突き当たって道が左右に分かれていますが、左の方へは行かないで、右の方へ行ってください。森の中にきれいな水が湧《わ》き出しています。私は今その水を飲んできたところです。冷たくて、とってもおいしい水ですよ」

「分かりました。ありがとうございます」

西から来た旅人はていねいに礼を言って、東へ向かって歩いて行きました。

やがて道は林に突き当たり、左右に分かれていました。

「そうだ、左へ行ってはいけない、と言っていたな。右へ行こう」

言われたとおり、森があり、水が音を立てて湧き出していました。旅人はその水を両手にすくって飲み、生まれ変わったような力を得ました――

この話はお釈迦さまの創作です。たったこれだけの話ですが、深い意味があります。弟子たちに話されたあと、お釈迦さまはこう問われました。

「暑さと渇きに苦しんでいた旅人は、水のありかを聞いただけで癒《い》えただろうか？」

「いえ、水を飲まなければ、癒えることはありません」、弟子たちはみなそう答えました。このあとがお釈迦さまの説法なのです。

「熱い野原とは私たちの人生のこと。のどの渇きとは悩み苦しむこと。道とは教え導く人のこと。水を飲むとは幸せになれる、ということなのだよ。よく覚えておきなさい」

わたしはこの話に心を打たれました。短いけれど「そのとおりだ！」とうなずける話だからです。教えが信じられない人には幸福は得られない、それをさとされているのですね。

この話の中に大事なことが一つあります。お気づきでしょうか。

道が林に突き当たったら左へ行かないで右へ行くように、と教えているところです。左は〝邪道〟であるということ。甘い言葉をかけて人をだまし取ろうという恐ろしい集団があることを教えているのです。この世にはだまされて不幸に陥《おちい》る人の多いことを思わずにはいられません。「左へ行かないで」と言われると、林に突き当たったとき、かならずそのことを思い出すのですね。今度だれかに道を尋ねられたときは、そのように教えてあげたいものです。

わたしも、ここに至るまでには、どのくらい悪の手に誘い込まれようとしたか分かりません。甘い誘いに迷い込まなくてよかったと思っています。

それは教えというものがあり、それを信ずる心があったからだと思っています。

誘惑に乗らないためには、道を見る目、ものを見る目がしっかりしていなければならないでしょう。いろいろな世界から〝人間・人生〟を学んでおく必要があります。その意味でも文学や芸術を学び、読書をとおして、さまざまな生き様を広く学んでおくことが大事と思われます。

自分だけにしか咲かせられない花を、多くの先達《せんだつ》の英知を借りて咲かせること。咲かせるためには努力を惜《お》しまないこと。それができたとき、「わが人生に悔《く》いはなし」と言えるのではないでしょうか。

6話　真実は虚《むな》しからず

可愛《かわい》がっていたウサギが死んだ翌日のこと、平野《ひらの》さんという方の写真展が、近くの前橋市で開かれているのを新聞で知り、観《み》に行きました。

白黒ばかりの写真で、二百点ほど飾ってあり、その中の一点に立ち止まったまま、わたしは動けなくなりました。昨日死んだウサギとまったく同じウサギが、生きているかのように、ふわっと立ち上がって、わたしを見ているのでした。

男の人が近づいてきて、

「何か、ありましたか？」と言うので、

「いや、じつは——」

と、ウサギのことを話すと、男の人は名刺を出して、

「差し上げましょう、この写真を。私は平野と申します。どうか、お所とお名前を」

名刺を持たなかったので紙片に書いて渡すと、

「お寺さんですね。分かりました。近くを何度も通ったことがあります。一週間お待

ちください。写真展が終わったらお届けに伺います」

東京写真大学講師の平野さんが、文筆家の奥さんと共に、一週間後、額入りの大きな写真を抱えて山寺へ届けに来てくれました。

ウサギの写真を前に、次から次へと質問するわたしに、平野さんは終始笑顔で答えてくれました。

「この写真一枚に、フィルムをどのくらい使われたのでしょうか？」

「七万枚です」

即座に答えてくれたのです。言葉がありませんでした。

生き物の撮り方について、平野さんはこんな話をしてくれました。

「眼で決まります。眼を撮る位置がむずかしいのです。このウサギは腹ばって撮りました。ウサギの眼とレンズを平行にして、しばらくお付き合いをして、それから撮らないと生きいきとした写真は撮れないのです」

平野さんの話の中には「本もの」という言葉が何度も出てきました。生き物の写真を撮るにはその生き物と付き合うこと、会話ができるほどに付き合うこと。そして、何か月も経って、また会いに行く、そのとき、生き物は喜んでくれる、その眼を撮らなければいい写真にならない。これが平野さんの「本ものの談義」の一つなのでした。受講料も払わないで、たっぷりと講義を受けさせてもらいました。

これがご縁となって、平野さんには法話会、俳句会などに何度も講師としておいでいただいております。俳句大会では「まずは挨拶から」という話にだれもみな感動しました。畑で働いている農夫婦のそばを通るときは、つい大きな声で挨拶をしてしまうということ。そのときは必ず帽子を取るということ。それも、いい写真を撮るためにそうするのではなく、働く姿を敬う気持ちがあると、自然に帽子は取れている、というお話でした。

平野さんは「まごころ」を大切にされている写真家なのでした。

『般若心経《はんにゃしんぎょう》』というお経の中に、「真実不虚《しんじつふこ》」（真実は虚《むな》しからず）とあります。「まごころ」のことなのです。いつでも、どこでも、だれにでも、永遠に大事にされるものが、まごころだという教えです。まごころに生きようとする人は、雑事を抱え込まない、小事にこだわらない、これを「遠離《おんり》」と言っていますが、真実不虚にはそういう意味も含まれています。

わたしは農村に住んでいますが、昔とちがって、今を生きる人たちはあまりにも忙し過ぎるのに驚きます。農機具を買って支払いに追われ、農薬を大量に使い、村役《むらやく》はいくつも持たされ、子どもの送り迎えをし、遠い街まで買い物に行き、火を炊《た》くことまで禁じられていますから、疲れて、飲んで、あとは死んだように眠るだけ。見ていると、「人間、これでいいのか」と考えさせられます。

そこで、大事なのが、真実不虚。心ある人は「人間とは？」と考え、時代を見つめ、自分の今を見つめ、時間を生み出し、趣味にも励んでいます。その人の心次第なのです。飛びつきやすく、染《そ》まりやすく、流されやすく、溺《おぼ》れやすい。そうならないよう、遠くの方から自分を見つめて生きていきたいものです。

7話　ヒマラヤの雲と青空

歩いては寝ころび、また歩いては寝ころぶのです。疲れているのではありません。そうすることが楽しいのです。

沢を渡って、また別の丘に立つと、さっき手を振って別れた子どもたちが、ありったけの声をあげて、また手を振り出します。いくら振ってもきりがありません。牛と、山羊《やぎ》と、犬と、にわとりと……その中にうごめく子どもたちは、ゴマ粒ほどに小さく見えます。その、はるかな声のほかは、なんの物音もしません。

ふたたび、草の上にリュックを放り出して寝ころびました。そのときです。何かが吠《ほ》えるような音がしたのでびっくりして起き上がってみると、なんと、雲の流れる音ではありませんか。初めての経験でした。

〝ダップカルカ〟（ネパール）の丘は、標高二五〇〇メートル。ここに小・中一貫校を建設したのは今から二十年ほど前のことでした。日本で浄財《じょうざい》を募《つの》り、五百万円という建設費とは別に、参加者八名の交通費、滞在費はすべて自弁《じべん》（個人負担）。若いお坊さん四名を含めての八名は、お釈迦さまから尊い教えをいただいたお礼にと、ヒマラヤのふもとの村々に、いくつもの小学校を建設し、開校してきていました。わたしはこのとき六十三歳、ネパール通いも十数回重ねていました。

雲が下の方から吹き上げてくる、その音を聞きながら草に寝ころんで青空を仰ぐときの心持ちは、たとえようもないすがすがしさでした。

ネパールの子どもたちは、五人に二人が眼を患《わずら》っています。日本からビタミンA剤を持って行って飲ませると、半年ほどできれいな眼に戻ります。わたしは知り合いの薬剤師さんを通じてビタミンA剤を集めては、ネパールに運んでいました。

開校してから二年経って、ふたたびダップカルカの学校を訪ね、教室を見て回って驚きました。どの学年の、どの教室にも、黒板の右隣りに大きな白い紙が貼《は》ってあり、その紙にはタテ・ヨコに線を引いたマス目があり、マスの中には野菜や果物の絵がへたくそに描《か》いてあるではありませんか。パサンという通訳が説明してくれました。

「コドモタチ、ヤサイ、トカ、クダモノ、トカ、ビタミンAガ、ハイッテ、イルモノ、ジブンタチノ、テデ、ツクル、ト、イッテ、イマス。ニッポン、カラ、モッテキテ、イタダクノハ、モウシワケガ、ナイカラ、ト、イッテ、イマス。ネパールノ、コドモタチ、エライ、デス」

これを聞いた私たちは、廊下で、手を取り合って、男泣きをしました。

一人の若いお坊さんが、わたしの手を取って、涙を流しながら言うのです。

「先生、先生がいつも話されている〝喜ばれる悦び〟というのは、これなんですね。よく分かります。ネパールの子どもたち、立ち上がっているんです。こんなうれしいことはありません！」

彼は、わたしの手を握り直して、泣きじゃくっていました。

その夜、私たちは「ロキシー」というお酒をいただきました。太ったおばさんが、コップをふいてお酒をそそぐのですが、その布きんがすごいのです。何年も洗ったことのないような、汚《よご》れ放題汚れた自分のマフラーを首からはずしてコップをふくのです。たぶん、幼い子のはなじるなどもふいているマフラーでしょう。怖《おそ》ろしいことを平気でやるのですからたまりません。

わたしは考えて、コップのふちには唇を触れず、ネコのように舌だけでロキシーをなめましたが、あまりにも美味《うま》いので、だんだんロキシーが減ってきて、しまいにはどうしてもコップに唇を当てなくては飲めなくなって、「エーイ、ままよ！」とあおってしまいました。みんな笑っていました。おばさんも愉快《ゆかい》そうに笑っていました。

「もしひと／よきことをなさば／これを／またまたなすべし／よきことをなすに／たのしみをもつべし／善根《よきこと》をつむは／幸《さいわ》いなればなり」（『法句経』一一八）

翌日、私たちのヘリを見送ってくれたダップカルカの人びと、二百人余り。雲まで集まって来てくれました。青空の深かったこと。

8話　承《う》けて転《てん》ずる

「日本のみなさんに、この話をぜひ伝えてください」

カルチャン・シェルパ（ヒマラヤ登山の案内人・通訳）はそう言うのでした。

ネパールの〝チトワン〟というところに、大きなジャングルがあります。

朝の六時ごろ、私たち一行八人はそのジャングルを探索しました。大きな声を出すとトラが出てくるというので、みなだまって、足音も立てないように歩きます。と、わたしは不思議な穴を発見しました。直径三～四メートルほどの穴で、底はごく浅く、落葉が溜《た》まり、その下には水が見えました。小さな声で聞いたのです。

「シェルパ、これはなんですか？」

「ハイ。これは老いたサイが作る穴です」

「墓ですか？」

「いいえ、水溜《だ》めです。一角サイ（角が一本のサイ・インドサイ）は、もう生きられないと思うと、自分の子孫を集めて、自分は身を横にして、体を回転させてこの穴を作ります。子孫がいつでも水を飲めるようにと、水溜めを作るのです。雨季が四か月、乾期が八か月。動物たちは乾期も半分過ぎたころから次々と死んでゆきます。でも、サイの子どもたちは死にません。たっぷり水があるからです。落葉が溜まって水の蒸発をふせぎますからね。集まった子孫たちは、水溜めの作り方を覚えて、自分が老いたときに、同じことをして、次の世代に伝えます。こうして、サイは何万年も生き継《つ》いでいるのです」

「ほかの動物たちが飲みませんか？」

「ハイ。みんな飲みに来ます。このジャングルには四百種類もの鳥がいます。みんなサイが作った水溜めの水を飲んで生き継いでいます。きれいなクジャクも来ますよ」

「ほかの生物に水を飲まれて、サイは怒らないのですか？」

「ハイ。怒りません。怒ると戦争になりますからね」

「サイは頭がいいんですね」

「ハイ。サイノウがありますから」

「今のはサイコウに良かったです」

「サカイ先生も、サイてますすね」

頭のいいシェルパなのです。

ブドウとリンゴの栽培を学ぶため長野県に二年、コンニャクとネギの研究で群馬県に一年、だから日本語が上手で、シャレまでうまいのです。

「水溜めを作ったサイは、その後どうなるのですか？」

「ハイ。一週間以内に必ず死にます。どこからも見えない、ジャングルの深いところへ行って、静かに息を引き取ります」

「人間より立派ですね」

「ハイ。サイ後が見事です」

シェルパはのどの奥のほうでクックと笑っていました。そして、わたしに、

「サカイ先生、日本に帰ったら、サイの話、してくださいね。サイのように生きたら、戦争は起きないのだと――」

わたしは深くうなずくだけでした。

ロッジに戻って朝食をすませたあと、私たちはゾウに乗って林の中を散策しまし

た。そこでは、はからずも水を飲みに来たサイの子どもと出会ったのでした。

ネパールで本当にいい勉強をして日本に帰りました。

祖先から承け継いだものを未来の人びとに伝えていく。人間のやるべきことの中で、これほど大事なものはないのではないかと思います。これを「承けて転ずる」と言っています。

「誰が為《ため》と思わざれとも、人の為によからん事をしをきなんどするを誠《まこ》との善人《ぜんにん》とは云《い》ふなり」

（道元禅師のことば、『正法眼蔵随聞記《しょうぼうげんぞうずいもんき》』三ノ三より）

誰々のために、と思わなくていいと言うのです。いずれ誰かのために役立つだろうな、と思ったら、それを行なえばいいという教えなのです。

もし自分にできなかったら、ほかの人が良いことをしたときに共に喜ぶことができたら、それは良いことをしたのと同じである、と仏典は教えています。

9話　涅槃図《ねはんず》の彼方《かなた》へ

ある年の二月十五日。本堂に垂らした「大涅槃図」を妻はじっと見つめ、わたしに解説をしてほしいと言いました。わたしは毎年この日、寺へ来る人びとに涅槃図を解説してきていましたが、お客の接待に追われている妻には、それを聞く時間はなかったのです。夜、たった一人の妻へ、わたしは須弥壇《しゅみだん》の上から涅槃図を説いて聞かせました。そのとき、妻はこう言ったのです。

「けものや、鳥や、虫たちが、お釈迦《しゃか》さまの死を悼《いた》むなんて、よっぽどお釈迦さまはやさしい人だったのでしょうね。

わたし、草花や生きものたちが大好きだから、これからもうんと可愛《かわい》がって、死ぬときはお釈迦さまとおんなじ、二月十五日がいい……」

それ以後、そんなことを何度口にしていたか分かりません。

妻（せつ子）が救急車で群馬県沼田市の病院に運ばれたのが三年前（平成二十七年）の二月十二日。三日目にはもうこの世の人ではありませんでした。脳梗塞《のうこうそく》。六十九歳。二月十五日歿《ぼつ》。涅槃の日でありました。病院ぎらい、延命治療ぎらいでしたから、自ら病をぎりぎりのところまで追い込んでいたものと思われます。

わたしは十五日に奈良県へ出講の約束があり、前日夜、快復《かいふく》を祈りながら奈良へ飛び、翌日午前中の講演を済ませて駅へ駆けつけ、家へ電話したところ、その朝すでに亡くなっていたことを知らされたのでした。講演を無事に果たすようにと、家族が気をつかってわたしに連絡をしてこなかったのでした。

奈良からどうやって帰宅したものでしょうか。新幹線の窓から、雲一つない富士山を仰いだことのほかは、何も覚えていないのです。

かつて、妻の運転で箱根に遊んだとき、自坊から葬儀ができたという知らせがあり、わたしだけ電車で帰りましたが、妻のほうは車で好きなように帰路を楽しみ、途中〝乙女峠〟というところで雲一つない富士山を見、息もできないほど感動したということでした。「今、それと同じ富士山をわたしに見せてくれたのだ」と、そう思ったことだけを覚えています。「それにしても、念願どおり、涅槃の日に逝《い》けたということ、たぶん大満足であったにちがいない」、そう思うと、自らの慰めでもあり、また不思議中の不思議とも思えることでもありました。

葬儀が済んで、しばらく経ってから、次の句を朝日俳壇に投じました。


あっぱれな妻よ涅槃の日に逝きて　―金子兜太選　平成27・3・23

評に「酒井氏。作者は僧侶。釈迦入滅の日に愛妻せつ子氏を失う。〝あっぱれ〟の言い切りが見事」とありました。

考えて作った句ではありません。いつの間にか授かっていた句なのでした。

釈迦入滅の地、インドのクシナガラに、わたしは五回足を運んでいます。「一度行ってみないか。涅槃図とおんなじところがあるんだよ」と妻を誘ったこともありましたが妻は首を横に振って「いつかは必ず行けるところだから」と笑っていました。

一頭の馬は淋しく見えるけど二頭並んでいると楽しい
―朝日歌壇　佐佐木幸綱・永田和宏両選者選　平成7・1・30

山寺に嫁ぎ紅葉に固まるる　—朝日俳壇　金子兜太選

「評」作者の詩情、率直にして熱し。

—同　大串　章選

「評」そしてそして春が来ると、美しい木の芽に囲まれる。苦労は苦労として大事にしたい一生である。

平成20・12・14（いずれも遺稿集『花の寺』より）

妹と母に死化粧涅槃の日

ひらひらと母かもしれぬ蝶舞へり

長女　蜂巣厚子

風化のやうに母逝く山の寺

雪の寺母へ別れの紅をさす

次女　齋藤紀子（俳誌『絹』より）

10話 〝朝日俳壇〟とわたし

若いときはあれこれ経験したほうがいい、とよく言われますが、わたしもそう思っています。あの道、この道と、さ迷っているうちに、自分の得手《えて》・不得手《ふえて》が分かってくるからです。分かってきたらその道にまい進する、他からの批判を気にしない、転《ころ》んだら立ち上がる、そして、広く、深く、自分の道をきわめてゆく、これしかないと思っています。

学生時代の四年間〝朝日俳壇〟への投句を続けましたが、一句も入選しませんでした。大先輩に「あれは無理だよ、全国の舞台だもの」と言われ、投句を断念しました。それから、あの雑誌、この雑誌と、結社めぐりをし、俳句の勉強を続けました。

そのうち、自分のずるさが気になり出しました。「選者に気に入られるような俳句を作ろうとしている」、この俳句姿勢が嫌《いや》になり、自分自身にうそをつかない俳句を作ろうと決心し、「俳句とは何か?」を模索しながら、ふたたび朝日俳壇に投句を始めたのが、二十五年後、昭和五十一（１９７６）年の秋でした。

以来、半世紀に近い歳月、毎週投句を続けてきています。一度も休んだことはありません。わたしをまったく知らない天下の大先生が、ただ俳句だけを見て「うん」とうなずいてくれればいい、とにかく自分の人生に偽《いつわ》りのない俳句を作ること、そう決心して続けてきたのです。

昭和五十年代は毎週一万枚を超えるはがきが朝日新聞社に寄せられたとのこと（現在は五千～六千）。その中のたった十句が入選ですから、狭き門どころの話ではありません。

妻も俳句を勉強し、投句を続けてきました。私が五十句、妻が二十二句入選したときに、「〝夫婦《めおと》作家〟を記事にしたい」ということで、新聞社から取材に来ました（昭和62・8・16、朝日新聞〝素顔〟欄）。

そのとき聞いた〝入選記録〟のこと。女性は遠藤掬女さんで三四〇句、男性は小浦たいへいさんで三〇八句。おそろしい入選数です。

たいへいさんの句集『玄海』を探し求め、全句に感動しました。ものを観《み》る眼の確かさ。その深さ。そのやさしさ。僧である自分は、まずここから出直さなければいけない、とさえ思ったほどです。

歌人・井上笙吉《いのうえしょうきち》氏の書かれた「序」にはこうありました。

「朝日新聞で三〇八句の入選をされているが普通の人ではどんなに努力をしてもまずは不可能――」

当時のわたしにとっては気が遠くなるほどの入選数でした。

たいへいさんは六十六歳で亡くなっています。「あの世で句会をやるのだから」と、未発表の二万句を棺桶《かんおけ》に入れるよう奥さんに言い残し、奥さんはそのとおりにしたと、句集の〝あとがき〟に書いています。

てらいのない俳句を、と思っていたわたしは、たいへいさんの『玄海』を何十回も読み重ね、「真実こそを」と心がけ投句を続けてきました。

二〇〇句入選のとき、句集『野に住みて』を出版し、そのころから「もしかして」と三〇〇句を意識するようになりました。

すすめたこともないのに家族も俳句を作るようになり、みな朝日俳壇に投句し、入選するたびに大杯をかかげているのです。

「お父さん、頑張って！　記録更新まであと9句だよ」と励まされても、とくに力を入れるわけでもありません。自分に恥じない本当の句ができたとき、投句をすればよいと思っているだけです。

と言っている、ただ今（平成３０・３・６）三〇七句に漕《こ》ぎつけています。あと一句で小浦たいへいさんと並びます。あの世から、たいへいさんが「やあ」と言って大《だい》徳利《とっくり》を提《さ》げて来るのではないでしょうか。

先のことは分かりませんが、わたしの人生はこれからだと思っています。黒い雲に覆《おお》われたこともありましたが、おかげで青空を仰いで両手が上げられるようになりました。

悟りとは何か、禅とは何か、と問われても、何も答えられない山寺の坊主です。軽い運動靴を履《は》いて、身軽に飛び歩き、縁《えん》ある人びとと手を結んで、喜んだり、悲しんだり、してゆければそれで十分、と思っています。

白い蝶《ちょう》が飛んでいます。野山に春が来ましたよと、わたしを呼びに来てくれたのです。

［著者紹介］

酒井大岳（さかい・だいがく）

1935年群馬県生まれ。駒澤大学仏教学部禅学科卒業。曹洞宗長徳寺住職。南無の会会友。1964年群馬県文学賞（随筆）、1981年上毛文学賞（俳句）、1983年上毛出版文化賞（『般若心経を生きる』水書坊）、1999年日本社会文化功労賞、2008年朝日俳壇賞を受賞。

・著書に、『金子みすゞの詩を生きる』『金子みすゞをめぐって（共著）』（JULA出版局）、『金子みすゞの詩と仏教』（大法輪閣）、『金子みすゞのこころ（共著）』（佼成出版）、『人生を拓く一随聞記一』（講談社）、『気持ちがホッとする禅のことば』『金子みすゞの詩とたましい』（静山社）、『酒井大岳と読む金子みすゞの詩』（河出書房新社）、『たったひとことで人生は変わる』（マガジンハウス）、『酒井大岳の「語るより歩む」』（太陽出版）他。
・ビデオに、『金子みすゞの世界：全2巻』（四季社）、『さわやか講話：全10巻』（NKKサービスセンター）、『釈尊に学ぶ：全10巻』（ユーキャン出版局）他。
・CDに、『さらさら生きる：全12巻』『りんりんと生きる：全12巻』（NKHサービスセンター）、『経営に生きる仏教の教え：全10巻』（日経BP社）、『道元と現代：全12巻』（ユーキャン出版局）他。

雲の上はいつも青空
人生を励ます禅僧の50話

著者　酒井大岳

二〇一八年五月二〇日　初版印刷
二〇一八年五月三〇日　初版発行

発行者　山下隆夫
発行　株式会社　ザ・ブック
東京都新宿区若宮町二九　若宮ハウス二〇三
電話（〇三）三二六六－〇二六三

発売　株式会社　河出書房新社
東京都渋谷区千駄ヶ谷二－三二－二
電話（〇三）三四〇四－一二〇一（営業）
http://www.kawade.co.jp/

印刷・製本　株式会社　公栄社

落丁・乱丁本はお取り替えいたします

ISBN 978-4-309-92147-1 C0015